Bettina M. Jasper

Formulierungshilfen Mobilität und Bewegung

Individuell beschreiben

VINCENTZ NETWORK

Bibliografische Information der Deutschen Nationalbibliothek

Die Deutsche Bibliothek verzeichnet diese Publikation in der Deutschen Nationalbibliografie; detaillierte bibliografische Daten sind im Internet über http://dnb.d-nb.de abrufbar.

Besuchen Sie uns im Internet: www.altenpflege-online.net

Druck: BWH GmbH, Hannover

Foto Titelseite: fotolia, M.studio
Illustrationen: Trueffelpix

ISBN 978-3-86630-511-3

Bettina M. Jasper

Formulierungshilfen Mobilität und Bewegung

Individuell beschreiben

Inhalt

Jetzt Code scannen und mehr bekommen …

http://www.altenpflege-online.net/bonus

Ihr exklusiver Bonus an Informationen!

Ergänzend zu diesem Buch bietet Ihnen *Altenpflege* Bonus-Material zum Download an. Scannen Sie den QR-Code oder geben Sie den Buch-Code unter www.altenpflege-online.net/bonus ein und erhalten Sie Zugang zu Ihren persönlichen kostenfreien Materialien!

Buch-Code: AH4493L

Vorwort

Eine Publikation, die Formulierungshilfen rund um die Bewegung gibt, war lange geplant, denn bei meiner täglichen Arbeit beobachte ich immer wieder, dass es Mitarbeitenden in Einrichtungen schwerfällt, Bewegung und Beweglichkeit mit Worten zu beschreiben. Die ursprüngliche Idee war, denjenigen Formulierungshilfen zu geben, die im sozialen Dienst und in der Betreuung aktivierende Angebote gestalten.

Dann kündigten sich Veränderungen der gesetzlichen Grundlagen an, die vor allem die Dokumentation und die Einstufung in Pflegestufen betreffen. Das ließ mich zunächst zögern bei der Bearbeitung. Doch sobald klar wurde, dass Mobilität und Bewegung vor dem Hintergrund der veränderten Situation eine deutliche Aufwertung erfahren werden, bestärkte mich das in dem Gedanken, das Thema in einem Buch zu behandeln.

Bei der Arbeit am Manuskript ergab sich, dass die vorliegende Publikation sich nicht ausschließlich an den sozialen Dienst richten kann, sondern nun – unter den geänderten Vorzeichen – ganz klar auch Pflegefachkräfte ansprechen muss. Deren Aufgabe ist es schließlich, im neuen System eine kompetente Einschätzung jedes einzelnen pflegebedürftigen Menschen vorzunehmen. Dabei spielt das Themenfeld „Mobilität & Beweglichkeit" eine wesentliche Rolle.

Mobilität & Beweglichkeit sind existenzielle Fähigkeiten. Sie sind eine personelle Ressource von zentraler Bedeutung, eine Schlüsselkompetenz mit enormen Auswirkungen auf nahezu alle Lebensbereiche. Abhängig vom Ausmaß der Mobilität erschließt sich der Grad der Selbstständigkeit. Der Erhalt der Mobilität durch gezielte Bewegungsförderung ist also wesentliche Aufgabe der Pflege. Bewegung ist im Grunde eine Maßnahme, die im Hinblick auf viele Risiken als Prophylaxe anzusehen ist. Da geht es im Pflegealltag ständig um Dekubitus-, Kontrakturen-, Sturz-, Thrombose- … prophylaxen. Sicher, die sind alle wichtig. Doch Bewegung wirkt tatsächlich positiv im Sinn all der genannten und ist darüber hinaus zusätzlich Demenz-Prophylaxe, wenn auch leider bisher nicht offiziell als solche benannt und in der Aufstellung der pflegerischen Vorsorgemaßnahmen nicht als Prophylaxe gelistet.

Die Tatsache, dass Mobilität bei der Feststellung von Pflegebedürftigkeit nach dem Neuen *Begutachtungsassessment* (NBA) an erster Stelle von sechs bzw. acht Modulen steht, unterstreicht die künftig deutlich aufgewertete Rolle dieses Bereichs. Das alles hat mich motiviert, dieses Buch trotz oder gerade wegen der Umbruchphase, in der sich die Pflege hinsichtlich der Planung und Dokumentation zurzeit befindet, nun doch sofort zu verfassen und nicht zu warten, bis das neue System flächendeckend implementiert ist.

Ich sehe die vorliegende Zusammenstellung als eine Chance, Pflege und soziale Betreuung besser zu verzahnen und damit optimale Bedingungen für den Lebensalltag pflegebedürftiger, alter Menschen zu schaffen. Beobachten und beschreiben beide Seiten die Bewegungsmöglichkeiten und -aktivitäten jeweils detailliert und bringen ihre Erkenntnisse gemeinsam in die individuelle Maßnahmenplanung ein, können Bewohner im Pflegeheim, Gäste in der Tagespflege oder Patienten bzw. Kunden eines ambulanten Dienstes deutlich davon profitieren. Je konkreter und genauer die verschriftlichte Darstellung ist, desto sicherer können Mitarbeiterinnen und Mitarbeiter einer Einrichtung mit dem Menschen umgehen, ohne ihn zu unter- oder überfordern.

Betreuungskräfte und Alltagsbegleiter wissen bei klarer, individuell niedergelegter Tagesstruktur genau, wen sie wie zur Bewegung animieren können, sollen, dürfen. Sie müssen nicht mehr aus Angst, etwas falsch zu machen, alte Menschen lieber nur im Sitzen körperlich aktivieren und damit hinter deren Möglichkeiten zurückbleiben lassen. Befreit von der Last der täglichen Eintragung, wird es realistisch, nun umso genauer hinzuschauen und Ressourcen im Hinblick auf körperliche Aktivität zu entdecken. Das zwingt Mitarbeitende aller Bereiche gleichzeitig zur Reflexion und zum Benennen konkreter Ziele: Was kann oder will ich mit meinen Maßnahmen bei Person X erreichen?

Bewusst wurde darauf verzichtet, ärztliche oder pflegerische Diagnosen aufzugreifen. Klar, dass Erkrankungen Auswirkungen auf die Mobilität und das Bewegungsverhalten eines Menschen haben. Wer nach einem Schlaganfall von einer Hemiparese oder Hemiplegie betroffen oder aufgrund der Diagnose „Morbus Parkinson" u. a. durch Zittern (Tremor), Muskelsteifheit (Rigor) oder Gleichgewichtsstörungen eingeschränkt ist, wird natürlich sein Bewegungsverhalten ändern. Doch diese Begründungszusammenhänge haben ihren Platz künftig in anderen Themenfeldern und Modulen und werden deshalb im Zusammenhang mit den hier dargestellten Inhalten nicht erwähnt. Das gilt ausdrücklich auch für die Diagnose Demenz.

Die im Text aufgeführten Formulierungen sind ausdrücklich als Beispiele zu verstehen, die zu kritischer Beobachtung anregen und zu eigenen Beschreibungen motivieren. Sie sind keinesfalls Textbausteine, die einen pflegebedürftigen, alten Menschen in Kategorien einordnen. Es geht um Individualität. Deshalb sollte am Ende der Text in der *Strukturierten Informationssammlung* (SIS) ebenso wie in der Maßnahmenplanung für jeden Bewohner anders aussehen. Die Tatsache, dass die Umsetzung der neuen gesetzlichen Vorgaben offiziell erst 2017 beginnt und zurzeit Einrichtungen in der „Umbauphase" sind, ist beste Voraussetzung, die vorliegenden Vorschläge für den Bereich von Mobilität und Bewegung direkt aktuell bei der Neugestaltung zu nutzen.

Bettina M. Jasper
August 2016

Mobilität und Bewegung – Veränderungen und Zuständigkeiten

Wer ist eigentlich für das Thema *Bewegung* in der Altenpflege zuständig? Die Pflege mit ihren Fach- und Hilfskräften oder der soziale Dienst mit seinen so genannten zusätzlichen Betreuungskräften, den Alltagsbegleiterinnen, den therapeutischen Profis und den ehrenamtlichen Mitarbeitern? Wer ist für wen weisungsbefugt? Vor allem: Wer ist am Ende verantwortlich? Diese Fragen löst jede Einrichtung auf ihre Weise mit entsprechenden Stellenbeschreibungen und Aufgabenverteilungen.

Daneben werden Festlegungen in verschiedenen (Haus-)Standards getroffen, z. B. hinsichtlich der Sturzprophylaxe. Doch wie werden die in der Realität genutzt, eingehalten, kontrolliert? Wer hat dazu Zugang und wer weiß überhaupt, wo die zu finden sind?

Häufig fühlen sich Pflegende [allein] für die *Mobilität* verantwortlich und betrachten damit die Beweglichkeit, vor allem in pflegerischen Zusammenhängen. Schließlich sieht die weit verbreitete Pflegesprache immer wieder beim Transfer das „aus dem Bett Mobilisieren" und das „Mobilisieren in den Rollstuhl" vor und meint damit, dass ein Mensch aus dem Bett geholt bzw. ihm mit einem Hilfsmittel das aktive oder passive Fortbewegen ermöglicht wird. Damit und mit dem Abzeichnen der entsprechenden Leistung im Dokumentationssystem ist in den Köpfen vieler Mitarbeiterinnen – und in der Realität des Pflegealltags – häufig der Mobilitätsförderung Genüge getan. Außerdem ist die Beweglichkeit bei pflegerischen Handlungen im Zusammenhang mit Körperpflege, Anziehen usw. von Bedeutung. Sie wird – je nach persönlicher Grundhaltung der Mitarbeiter – mehr oder weniger gefördert.

Das Gestalten von Bewegungsangeboten, von aktivem Training, wird dagegen oft eher im Zuständigkeitsbereich von Physiotherapeuten bei entsprechenden Verordnungen zum einen und bei Betreuungskräften im Rahmen der Alltagsgestaltung zum anderen gesehen.

Bei der Zuweisung von Verantwortung zu bestimmten Positionen und der Regelung von Weisungsbefugnissen sind Einrichtungen frei in ihren Entscheidungen. So kann dieses Buch dazu keine Festlegungen treffen und nicht den einen oder den anderen Bereich für zuständig erklären. Wichtig ist jedoch, dass die neuen Strukturen als Chance begriffen und für effektive Zusammenarbeit genutzt werden, anstatt im Gerangel um „die Macht" unnötig Ressourcen zu verbrauchen.

Eines haben schließlich Mitarbeitende aller Bereiche gemeinsam: Unsicherheiten beim Formulieren von Beobachtungen, Einschätzungen und Aktivitäten im Zusammenhang mit Bewegung. Die Vorschläge in Kapitel 2 dieses Buchs geben Impulse und helfen, die richtigen Worte zu finden.

Pflegeplanung und -dokumentation im Umbruch

Grundlegende Veränderungen prägen aktuell die Dokumentation in der Altenpflege. Entbürokratisierung, Verschlanken und Zeitersparnis sind nur einige Stichworte in diesem Zusammenhang.

Einst brachten die Vorgaben aus dem Pflegeweiterentwicklungsgesetz von 2008 entscheidende Neuerungen, insbesondere für den Bereich der Aktivierung. Der Weg für die so genannten zusätzlichen Betreuungskräfte, heute aus den Einrichtungen kaum mehr wegzudenken, wurde geebnet. Es entstand ein eigenständiges Tätigkeitsfeld in der Altenpflege, das sich quasi sein Berufsbild weitgehend selbst erschuf.

Die Pflegestärkungsgesetze

Die Pflegestärkungsgesetze brachten seit 2015 Ausweitungen und Konkretisierungen für die Betreuung. Sie erweitern u. a. den Kreis derer, die in den Genuss der Leistungen kommen, beziehen seitdem auch diejenigen ein, die nicht von Demenz betroffen sind und ermöglichen Betreuungsangebote im teilstationären und ambulanten Bereich.

Für die Aktivierung im Allgemeinen und die Bewegung im Speziellen waren diese Veränderungen prägend. Sie lösten das Thema Bewegung weitgehend aus dem Verantwortungsbereich der Pflege heraus. Pflegefachkräfte fühlen sich seitdem häufig nicht mehr zuständig für die Aktivierung, da mit den zusätzlichen Betreuungskräften mehr oder weniger eigenständige Strukturen innerhalb der Einrichtungen geschaffen wurden.

Trotz struktureller Herausforderungen, die in diesem Zusammenhang entstehen konnten, erfuhr gleichzeitig die Aktivierung – und damit auch alle Bewegungsangebote – eine deutliche Aufwertung innerhalb des Angebotskatalogs in der Altenpflege.

Pflegebedürftigkeit neu definiert

Die Pflegestärkungsgesetze II und III (PSG II bzw. III) bringen noch einmal grundlegende Neuerungen. Der Begriff der Pflegebedürftigkeit wird völlig neu definiert. Ein neues *Begutachtungsassessment* (NBA) schafft veränderte Einstufungen und Zugänge zu den Leistungen der Pflegeversicherung. Galt bisher ein zeitgestütztes Verfahren bei der Einstufung in Pflegestufen, schafft das NBA komplett neue Grundlagen. Neben der Grundpflege erfasst es künftig auch kognitive und kommunikative Fähigkeiten, Verhalten und psychische Situation sowie die Gestaltung des Alltags und sozialer Kontakte. Wesentliche Idee dabei ist eine Verbesserung und fachlich fundierte Weiterentwicklung der pflegerischen Versorgung.

Begriffe im Zusammenhang damit sind das so genannte *Strukturmodell* und die darin enthaltene *Strukturierte Informationssammlung* (SIS).

Neu ist vor allem, dass Individualität und Selbstbestimmung von Pflegebedürftigen künftig stärkere Beachtung finden sollen. Dabei spielt Mobilität eine wesentliche Rolle, denn sie ist quasi eine Schlüsselkompetenz, die weitere Kompetenzbereiche wie z. B. Kognition beeinflusst und soziale Kontakte sowie die Gestaltung des Alltagslebens überhaupt erst ermöglicht. Die Erkenntnisse aus der SIS bilden die Grundlage für die individuelle Maßnahmenplanung.

Das NBA ermittelt die Höhe des Pflegegrades eines Menschen auf der Basis einer Betrachtung nach acht Modulen:

1. MOBILITÄT
2. Kognitive und kommunikative Fähigkeiten
3. Verhaltensweisen und psychische Problemlagen
4. Selbstversorgung (Alltagsverrichtungen)
5. Umgang mit krankheits- und therapiebedingten Anforderungen
6. Gestaltung des Alltagslebens und soziale Kontakte
7. Außerhäusliche Aktivitäten
8. Haushaltsführung.

Für die Einstufung – und damit die Höhe der Leistungen – werden lediglich die Module 1 bis 6 berücksichtigt.

Die Begutachtung erfolgt nach festgelegten Richtlinien. Diese lauten ab dem 01.01.2017:

Für Modul 1 Mobilität

„Die Einschätzung richtet sich ausschließlich danach, ob die Person in der Lage ist, ohne personelle Unterstützung eine Körperhaltung einzunehmen/zu wechseln und sich fortzubewegen. Zu beurteilen sind hier lediglich Aspekte wie Körperkraft, Balance, Bewegungskoordination etc. und nicht die zielgerichtete Fortbewegung. Hier werden nicht die Folgen kognitiver Beeinträchtigungen auf Planung, Steuerung und Durchführung motorischer Handlungen abgebildet."[1]

SIS: Der Mensch im Mittelpunkt

Die Einführung der SIS verfolgt einen Paradigmenwechsel. Sie erfordert eine völlig andere Betrachtung pflegebedürftiger Menschen als bisher. Sie löst die

1 Aus: MDS Richtlinien zum Verfahren der Feststellung von Pflegebedürftigkeit sowie zur pflegefachlichen Konkretisierung der Inhalte des Begutachtungsinstruments nach dem Elften Buch des Sozialgesetzbuches (Begutachtungs-Richtlinien – BRi) vom 15.04.2016. Berlin 2016. S. 39

Pflegemodelle nach Liliane Juchli mit 12 Aktivitäten des täglichen Lebens (ATL) und Monika Krohwinkel mit 13 Aktivitäten, Beziehungen und existenziellen Erfahrungen des Lebens (ABEDL) aus den 1980er-Jahren mit einem personenzentrierten Ansatz ab. Ausgangspunkt für die neue, pflegetheoretische Betrachtung ist die Perspektive des pflegebedürftigen Menschen. Das stellt das bisherige Dokumentationssystem vom Kopf auf die Füße, befreit Pflegende von überflüssigen Routineeintragungen. Das soll – nach sicherlich anfänglich zeitaufwändigen Umstellungen und einer nötigen Gewöhnungsphase – Unsicherheiten beseitigen und Zeitersparnis bringen.

Die SIS setzt auf fachliche Kompetenzen des (Pflege-)Personals. Nach einer offenen Eingangsfrage, die die Interessen der Betroffenen in den Mittelpunkt stellt, erfolgen pflegefachliche Beobachtungen und Einschätzungen in fünf wissenschaftsbasierten Themenfeldern. Diese lehnen sich inhaltlich an die Assessmentmodule des NBA an:

1. Kognition und Kommunikation
2. MOBILITÄT UND BEWEGUNG
3. Krankheitsbezogene Anforderungen und Belastungen
4. Selbstversorgung
5. Leben in sozialen Beziehungen
6. Wohnen/Häuslichkeit (nur im ambulanten Bereich).

Hinzu kommt eine Risikoeinschätzung durch Pflegefachkräfte auf der Basis wissenschaftlicher Erkenntnisse. Im Gegenzug entfällt die klassische Pflegeplanung nach bisherigem Muster.

Allein die Tatsache, dass Mobilität bei NBA und SIS ganz oben steht, unterstreicht die Bedeutung dieses Bereichs. Gleichzeitig wird es immer wichtiger, diese bestmöglich zu beschreiben. Dabei geht es nicht um ein Mehr, sondern vor allem darum, den Ist-Zustand sachgerecht zu erfassen sowie konkret und treffend das Wesentliche darzustellen. Die Ausführungen in Kapitel 2 dieses Buchs können dabei unterstützen.

Bewegung – ein Thema in der sozialen Betreuung und in der Pflege

Die Zusammenstellung im vorigen Kapitel zeigt, dass Mobilität und Bewegung als Themen in beide Bereiche gehören – in die Pflege und in die soziale Betreuung. Die beschriebenen Neuregelungen sollten als Chance begriffen werden, beide künftig besser miteinander zu verzahnen, als das bisher der Fall ist. Pflegefachkräfte mit ihrer umfassenden Ausbildung sind vor allem beim Erfassen der Mobilität im Rahmen der SIS und bei der Risikoeinschätzung sowie der daraus folgenden Maßnahmenplanung gefordert.

Die Durchführung von Maßnahmen zum Erhalt der Mobilität durch entsprechende Bewegungsangebote kann dann zu großen Teilen als Aufgabe an die soziale Betreuung übergeben werden. Die Mitarbeiterinnen aus diesem Bereich entwickeln Ideen, wie jeder einzelne alte Mensch zielgerichtet und konkret gefördert werden kann. Diese Planung wird schriftlich niedergelegt. Bei der Durchführung der Maßnahmen beobachten die jeweils Anleitenden und dokumentieren gegebenenfalls Abweichungen an der vorgesehenen Stelle (siehe dazu Seite 17 f.).

Gelingt es den Mitarbeitenden aus beiden Bereichen, gut zu beobachten, das Wesentliche zu erkennen und treffend zu formulieren, lässt sich daraus bei der Evaluation ein dynamischer und jeweils tagesaktuell sinnvoller Umgang mit den Pflegebedürftigen ableiten.

Entscheidend für das Funktionieren des Systems ist der Informationsaustausch zwischen Pflege und sozialer Betreuung. Nur im Miteinander beider Bereiche lässt sich das ganzheitliche Verständnis in der Tagesstruktur bzw. der Maßnahmenplanung und in der Dokumentation insgesamt abbilden. Gemeinsame Schulungen, einheitliche Sprachregelungen und vor allem regelmäßiger Austausch und konsequentes Evaluieren und Fortschreiben der Tagesstruktur führen zum optimalen Ergebnis für den alten Menschen.

Bewegung und Mobilität dokumentieren – warum und wo?

Die Bedeutung von Bewegung im Hinblick auf andere Kompetenzen ist unbestritten. Doch in bisherigen Dokumentationssystemen ist dieser Stellenwert kaum erkennbar.

Warum schriftlich erfassen?

Das Dokumentationssystem ist wesentliches Kommunikationsmittel für alle, die mit einem pflegebedürftigen Menschen professionell zu tun haben. Um personen- und situationsgerecht pflegen und den Alltag gestalten zu können, sind Informationen über die Mobilität unerlässlich.

Da es meist weder Gelegenheit noch Zeit für einen mündlichen Austausch gibt, ist es wichtig, sich vor einer Pflege- oder Betreuungsaktivität einen Überblick über die aktuelle Situation des alten Menschen zu verschaffen. Das gilt zwar ohnehin insgesamt für die Pflege, ist aber gerade hinsichtlich der Mobilität und Bewegung von besonderer Bedeutung. Kann der Allgemeinzustand in diesem Punkt von Mitarbeiterinnen nicht korrekt und punktgenau eingeschätzt werden, besteht die Gefahr, dass der zu pflegende Mensch über- oder unterfordert wird. Beides birgt fatale Risiken.

Verlassen sich Mitarbeiter allein auf die Aussagen des alten Menschen, ist die Einschätzung oft nicht situationsgerecht. Häufig besteht ein von der Realität abweichendes Selbstbild. Der eine erkennt seine Sturzgefährdung nicht, möchte selbstständig sein und hat ein in diesem Punkt nicht realistisches Selbstbild. Die andere könnte sich ohne Gefahr bewegen und damit ihre Mobilität und ihren Gesundheitszustand insgesamt deutlich verbessern, ist aber ängstlich oder hat aufgrund fehlender Bewegungsbiografie wenig Freude an körperlicher Aktivität und lehnt diese daher ab. Außerdem spielt Bequemlichkeit bei einzelnen Betroffenen eine Rolle oder die Einstellung „Hier zahle ich so viele Geld, dann soll das Personal dafür etwas tun."

Im Übrigen spielt Rechtsunsicherheit in Haftungsfragen für Mitarbeitende eine Rolle. Wer darf welche Festlegungen treffen, welche Anordnungen geben? Handle ich fahrlässig oder womöglich grob fahrlässig, wenn ich eine Bewohnerin zur Bewegung animiere?

Das alles führt zu Unsicherheiten beim Personal, insbesondere bei denjenigen, denen eine fachliche Qualifikation zur Beurteilung von Mobilität fehlt. Die Konsequenz daraus ist in vielen Einrichtungen, dass z. B. Betreuungskräften generell nicht erlaubt ist, Bewohner aufstehen oder gehen zu lassen, sie aus dem (Roll-)Stuhl zu holen. So finden Bewegungsangebote vielfach im Sitzen, oft im (Transport-)Rollstuhl, statt, obwohl es den Teilnehmenden möglich wäre, mindestens zeitweise im gesicherten Stand oder sogar in der Fortbewegung zu üben. Das Bedürfnis nach Risikovermeidung verhindert häufig eine individuell angepasste Bewegungsförderung.

Ist dagegen klar schriftlich niedergelegt, was genau ein alter Mensch aktuell bewegungsmäßig kann oder was konkret gefördert werden soll, gibt das den Mitarbeitenden Sicherheit und Orientierung. Sie können im Rahmen klar geregelter Grenzen gefahrlos alte Menschen in Bewegung bringen.

Wohin gehört welcher Eintrag?

Die Bereiche Mobilität und Bewegung sind im Dokumentationssystem an mehreren Stellen zu verankern.

SIS – Themenfeld 2 „Mobilität und Beweglichkeit"

Den Kern bilden die in der SIS niedergelegten Informationen, speziell im Themenfeld 2 „Mobilität und Beweglichkeit" (Feld C1). Hier wird wissenschaftsbasiert die fachliche Einschätzung durch eine Pflegefachkraft abgebildet, zunächst auf der Basis des Erstgesprächs. So wird die Sichtweise der pflegebedürftigen Person zum Thema dargestellt und durch die erstellende Mitarbeiterin fachlich beurteilt. Wichtig ist, dass die fachliche Einschätzung treffend und genau formuliert wird und möglichst wenig Anlass zu Missverständnissen gibt. Die Sichtweise der pflegebedürftigen Person darzustellen, macht dagegen wenig Probleme, denn sie sollte immer im Originalton, also als Zitat, wiedergegeben werden. Hier geht es vor allem darum, konsequent Individualität und Selbstbestimmung zu beachten.

Im weiteren Pflegeverlauf erfolgt eine Fortschreibung der Inhalte. Folgegespräche (nach dem Erstgespräch), Pflegevisiten und Fallbesprechungen führen zu einer regelmäßigen Aktualisierung. Dabei können die Zeiträume individuell festgelegt werden. Die Fortschreibung kann regelmäßig oder anlassbezogen erfolgen.

Das Erstellen der Risikomatrix als Bestandteil der SIS erfordert ebenfalls eine pflegefachliche Qualifikation. Hier erfolgt die schematische Einschätzung von fünf (sechs) international in der Langzeitpflege am häufigsten vorkommenden Risiken und Phänomenen:

1. Dekubitus,
2. Sturz,
3. Inkontinenz,
4. Schmerz,
5. Ernährung.

Als sechsten Bereich, quasi als „Joker", gibt es „Sonstige". Dort ergibt sich die Möglichkeit zur Eintragung spezifischer Risiken, z. B. eines starken Bewegungsdrangs, etwa einer Wanderungstendenz, im Zusammenhang mit demenzieller Entwicklung.

Das Themenfeld „Mobilität und Beweglichkeit" ist eine von ebenfalls fünf so genannten Kontextkategorien, die jeweils Einfluss auf alle Risikobereiche haben. Als weitere Kontextkategorien gehören

- kognitive und kommunikative Fähigkeiten,
- krankheitsbezogene Anforderungen und Belastungen,
- Selbstversorgung und
- Leben in sozialen Beziehungen,

dazu.
Beim Erstellen der Risikomatrix (Feld C2) geht es um systematische Einordnung und Beurteilung. Dabei sind Berufserfahrung, Qualifikation, eigenverantwortliche Entscheidungen und gute Beobachtung erforderlich. Die Fähigkeit zu

formulieren spielt dabei kaum eine Rolle, denn die Darstellung erfolgt schematisch über ein Ankreuzsystem bzw. zu setzende Häkchen.

Bei bestehenden Risiken ist es allerdings zur eigenen Absicherung der verantwortlichen Pflegekraft zum Teil erforderlich, weitere Unterlagen in Form von Risikoskalen usw. zu bearbeiten. In diesem Bereich ändert sich in der Behandlungspflege nichts gegenüber bisherigen Dokumentationssystemen.

Individuelle Maßnahmenplanung – Tagesstruktur

Die Pflegefachkraft entwickelt in einem gedanklichen Prozess die individuelle Maßnahmenplanung. Dabei bezieht sie ihre Erkenntnisse aus der SIS ein, z. B. Ressourcen, Problemkonstellationen und Ziele, ohne diese ausdrücklich zu benennen. Verschriftlicht wird schließlich nur das Ergebnis dieses Prozesses in Form der Maßnahmenplanung. Diese erfolgt in der Regel in Gestalt einer so genannten Tagesstruktur über 24 Stunden, also einschließlich der nächtlichen Versorgung. Dabei wird mit zeitlich konkreten Festlegungen ebenso gearbeitet wie mit variablen Zeitkorridoren, abhängig davon, ob eine Leistung aus fachlicher Sicht oder auf Wunsch der pflegebedürftigen Person zu einem bestimmten Zeitpunkt erbracht werden soll oder muss. Alternativ zur Tagesstruktur ist die Maßnahmenplanung nach den Themenfeldern der SIS möglich.

Neben routinemäßig sich wiederholenden, grundpflegerischen Tätigkeiten sind in der Maßnahmenplanung regelmäßig erfolgende hauswirtschaftliche und betreuerische Aktivitäten aufzuführen. Dabei kann es sich um Angebote wie Kochen, Backen, Garten- und Werkstattarbeit ebenso handeln wie Gehirntraining oder die Teilnahme an einem Literaturzirkel. Dazu können auch Maßnahmen anderer Berufsgruppen gehören, wenn z. B. eine pflegebedürftige Person Ergotherapie, Physiotherapie, Logopädie o. Ä. erhält. Alle Maßnahmen werden in der Regel codiert und mit ihren Bedeutungen im Rahmen des Qualitätsmanagements (QM) in den Unterlagen hinterlegt. Individuelle Wünsche und Gewohnheiten der pflegebedürftigen Person sowie Besonderheiten sind dabei zu berücksichtigen.

Diese Richtlinien der pflegerischen Versorgung und der Betreuung sind Handlungsgrundlage für das (Pflege-)Team.

Im Pflegebericht | Berichteblatt (siehe Seite 23 f.) sind dann nur noch Abweichungen von diesem Plan zu vermerken. Für die Regelversorgung sind keine Einzelleistungsnachweise erforderlich.

Zur Frage des Abzeichnens bestehen noch unterschiedliche Auffassungen. In einigen Einrichtungen wird schichtbezogen abgezeichnet, d. h. am Ende einer Schicht das gesamte Paket mit einem einzigen Handzeichen der verantwortlichen Pflegefachkraft. Andere halten diese Praxis für überflüssig und aus haftungsrechtlicher Sicht für nicht empfehlenswert. Das bezieht sich ausschließlich auf Grundpflege und Betreuung. Offiziell gelten alle in der Tagesstruktur bzw. Maßnahmenplanung aufgeführten Handlungen als durchgeführt wie geplant, sofern nichts anderes im Berichteblatt eingetragen wird. Behandlungspflege dagegen ist nach wie vor in Einzelleistungsnachweisen abzuzeichnen.

In der stationären Langzeitpflege wird die Maßnahmenplanung meist in Form einer Tagesstruktur dargestellt. Mobilität und Bewegung sind dabei durchgängig zu berücksichtigen.

Gewöhnlich werden der Tagesstruktur die individuellen Wünsche der pflegebedürftigen Person vorangestellt, quasi als eine Grundbotschaft. Die Bewegungsbiografie spielt dabei eine wesentliche Rolle. Sie ist in allen Bereichen mit zu bedenken und einzubinden.

So kann z. B. der tägliche, 15-minütige Abendspaziergang eines Bewohners mit dem Rollator über den Wohnbereich oder durch den Garten hier seinen Platz finden. Für eine andere Person könnte dazu gehören: „Beim abendlichen Zubettgehen möchte Frau X. fünf Minuten allein gelassen werden, um selbstständig ihre Bewegungsübungen zu machen – Radfahren in der Luft, in flacher Rückenlage im Bett."

Die 24-Stunden-Versorgung wird wahlweise kompakt oder ausführlich aufgeführt. Wiederkehrendes wird jeweils nur einmal beschrieben. Es hat sich bewährt, die Maßnahmen den Schichten des Personals entsprechend z. B. dem Früh-, Spät- und Nachtdienst zuzuordnen. Alle Angaben werden so ausführlich und konkret beschrieben, dass die durchführende Person ohne weitere Informationen ihre Tätigkeit ausüben kann.

Beispiel: Frau Kluck

Maßnahmenplanung, Tagesstruktur Eintrag im Feld „Individuelle Wünsche und Bedürfnisse – Besonderheiten"

FRÜHDIENST

Frau Kluck bewegt sich gern und möchte im Rahmen ihrer Möglichkeiten körperlich aktiv sein. Sie ist stolz auf ihre Ehrenmitgliedschaft im Turnverein und möchte zusammen mit Gleichgesinnten üben. Ihr Ziel ist, bald wieder im Garten spazieren zu gehen. Sie übt allein das Gehen am Rollator und kann ihre Tagesform selbst realistisch einschätzen.

SPÄTDIENST

Frau Kluck bewegt sich gern und möchte im Rahmen ihrer Möglichkeiten körperlich aktiv sein. Sie ist stolz auf ihre Ehrenmitgliedschaft im Turnverein und möchte zusammen mit Gleichgesinnten üben. Ihr Ziel ist, bald wieder im Garten spazieren zu gehen. Sie übt allein das Gehen am Rollator und kann ihre Tagesform selbst realistisch einschätzen. Nach dem Mittagschlaf darauf achten, dass sie feste Schuhe trägt.

NACHTDIENST

Frau Kluck legt Wert darauf, sich am Abend noch selbstständig auf dem Wohnbereich mit dem Rollator fortzubewegen. Sie kann ihre Tagesform selbst realistisch einschätzen und äußern, wenn sie dabei Unterstützung benötigt.

Möglich ist auch als Variante eine rein leistungsbezogene Darstellung der Angebote und Maßnahmen ohne zeitliche Zuordnung zum Tagesablauf. Dabei werden jeder pflegerischen Handlung oder Betreuungsaktivität bestimmte Informationen zugeordnet, z. B. für Ernst Zobel.

Beispiel: Herr Zobel

RASUR: *Herr Zobel legt Wert auf seine tägliche Nassrasur. Nach Bereitstellen aller Utensilien kann er diese selbst durchführen. Ihm dafür ca. zehn Minuten Zeit lassen.*

TRANSFER: *Herr Zobel benötigt für den Transfer vom Bett in den Rollstuhl Unterstützung, beteiligt sich aber aktiv, kann kurz stehen. Er gibt der unterstützenden Person (beliebige Person, keine Fachkraft) entsprechende Kommandos. Die Bremsen am Rollstuhl anziehen!*

Jede Pflegeeinrichtung kann mit ihrem Team entscheiden, welche Variante sie unter ihren Rahmenbedingungen wählt.

Im ambulanten Bereich ist das Verfahren ähnlich. Jedoch ist die Maßnahmenplanung abhängig von Art und Umfang der vereinbarten Leistungen entsprechend dem Vertragsabschluss. Außerdem kann der Pflegedienst im häuslichen Bereich nur begrenzt auf die Tagesstruktur Einfluss nehmen. Allerdings wird er immer versuchen, im Rahmen von Beratungsgesprächen optimale Lösungen zu finden.

Die Maßnahmenplanung bezieht sich hier in der Regel ausschließlich auf die zu erbringenden Leistungen, nicht auf die Darstellung der kompletten Tagesstruktur. So werden jeweils die zeitlichen Abschnitte aufgeführt, die den Einsatzzeiten des ambulanten Dienstes entsprechen mit den jeweiligen Maßnahmen, Hilfsmitteln, Besonderheiten etc.

Anders als im stationären Bereich bleibt in der ambulanten Pflege weiterhin ein Einzelleistungsnachweis in Form des Abzeichnens erforderlich, schon allein wegen der Abrechnung der Leistungen.

Pflegebericht | Berichteblatt

Der Pflegebericht, auch bezeichnet als Berichteblatt, erfährt eine neue Ausrichtung. Zwar dient es nach wie vor der Verlaufsdokumentation, aber der Fokus liegt nun eindeutig ausschließlich auf Abweichungen vom Üblichen. Anders als bisher werden routinemäßig wiederkehrende Handlungen in Pflege und Betreuung ausdrücklich nicht mehr dort dokumentiert. Der – wohl aus Unsicherheit entstandene und – einst verbreitete „tägliche Wohlfühlsatz", wie *Frau K. fühlt sich wohl und macht einen zufriedenen Eindruck,* hat künftig nichts mehr im Pflegebericht zu suchen. So kann und darf das Berichteblatt durchaus für einen längeren Zeitraum ohne Eintragungen bleiben, wenn die Verfassung der betreffenden Person stabil und der Tagesablauf unverändert sind.

Es gilt die „Immer-so-Regel". Geht also Frau K. jeden Mittwochmorgen zur im Haus angebotenen Sturzprophylaxe, bedarf das keiner gesonderten Erwähnung, denn es ist immer so und gilt mit der Tagesstruktur quasi „en bloc" als abgezeichnet.

Nimmt Frau K. jedoch heute ausnahmsweise nicht an diesem Angebot teil, wird ein Eintrag mit entsprechender Erklärung fällig, z. B.:

- *Frau K. hatte heute keine Lust zur Teilnahme an der Sturzprophylaxe. Sie hatte „Streit mit Herrn L. und möchte ihm dort nicht begegnen".*

Der Wortlaut, der von Frau K. gegebenen Erklärung, wird dann in Anführungszeichen gesetzt.

Oder: Frau K. nimmt an der Sturzprophylaxe teil wie immer, aber sie gibt eine neue Rückmeldung dazu, die Einfluss auf die – dann zu verändernde – Tagesstruktur hat. Dann könnte der Eintrag z. B. lauten:

Frau K. erzählt begeistert, dass sie heute erstmals auf einem Balance-Pad trainiert hat. Sie würde solche Übungen auf instabiler Unterlage gern täglich in ihrem Zimmer machen.

Daraus könnten seitens des Personals Überlegungen abgeleitet werden, wie Frau K. ein solches Training künftig zu ermöglichen ist – z. B. leihweises Überlassen eines Balance-Pads oder Information an Angehörige, damit die ihr bei nächster Gelegenheit eines schenken usw. Gleichzeitig müsste dann geklärt werden, unter welchen Rahmenbedingungen Frau K. künftig trainieren kann – im Zimmer, am Handlauf im Flur, allein oder in Anwesenheit einer Betreuungskraft usw.

Im Sinn der Vernetzung von Pflege und Betreuung ist erwünscht, dass grundsätzlich alle an Pflege und Betreuung beteiligten Personen Zugriff aufs Berichteblatt haben und selbst dort Eintragungen vornehmen können. Das gilt ausdrücklich für alle Mitarbeitenden nach §§ 45a, 87b bzw. 43b (ab 2017) SGB XI, auch für andere therapeutische Gesundheitsfachberufe etc. Selbstverständlich sind dabei Datenschutz und Schweigepflicht zu gewährleisten und Zugriff und Eintragungen müssen dem im QM[2] gesteckten Rahmen sowie der jeweiligen Funktion und dem zugewiesenen Verantwortungsbereich entsprechen.

Dieses Vorgehen unterscheidet sich von der bisherigen Praxis in den meisten Einrichtungen. Es kann und soll dazu beitragen, dass Mitarbeitende aus Pflege und sozialer Betreuung mehr als bisher ihre Informationen miteinander austauschen und beide besser kooperieren. Die bisher häufig praktizierte, von der Pflege getrennte, selbstständige Dokumentation des Sozialen Dienstes erschwert die Zusammenarbeit. Bei einem gemeinsamen System dagegen wird zielgerichtetes Arbeiten im Sinn der pflegebedürftigen, alten Menschen leichter.

Informationsaustausch zwischen den Professionen

Der Pflegebericht (siehe Seite 23 f.) sollte im Normalfall das Forum sein, in dem sich alle am Pflegeprozess Beteiligten informieren und austauschen. Doch, je nach interner Organisationsstruktur innerhalb einer Einrichtung, kann es erforderlich sein, eine weitere Möglichkeit zum Austausch zu schaffen oder die Modalitäten zur Nutzung des Pflegeberichts sehr genau festzulegen.

Zum optimalen Funktionieren des Systems muss sichergestellt sein, dass alle diejenigen, die pflegend, betreuend oder therapeutisch mit dem alten Menschen zu tun haben, über die gleichen Informationen hinsichtlich der Mobilität und Beweglichkeit verfügen. Dazu gehören in jedem Fall externe Therapeutinnen (Physiotherapie, Ergotherapie, Logopädie ...) und situationsabhängig auch ehrenamtlich tätige Mitarbeiter (Übungsleiterin des örtlichen Turnvereins ...) und Angehörige. Nur dann ist es möglich, einen pflegebedürftigen alten Menschen in seinem Alltag so zu begleiten, dass er einen stets auf gleiche Ziele ausgerichteten Umgang erfährt.

Unter Wahrung des Datenschutzes ist es organisatorisch nicht immer einfach, den Informationsfluss in alle Richtungen zu gewährleisten. Bei EDV-gestützter Dokumentation ist das über die Zugangscodes der Einzelnen zu regeln. Doch für externe Personen gibt es in der Regel keinen Zugangscode.

---

2 Qualitätsmanagement

Ganz klassisch, aber eben wieder mit einem Extra-Medium, das nach dem neuen Strukturmodell eigentlich vermieden werden soll, ist ein Übergabebuch analog dem in der Pflege verbreiteten Nachtwachenbuch. In einem „Mobilitäts- oder Bewegungsbuch", das keine sensiblen, persönlichen Daten enthält und daher allen oben Genannten frei zugänglich ist, können alltagspraktische Informationen untereinander ausgetauscht werden.

Effektiver ist sicherlich der Austausch in regelmäßigen Besprechungen. Ob das im Rahmen ganz gewöhnlicher Übergaben oder Fallbesprechungen geschieht oder bei speziellen „Mobilitätsgesprächen", an denen dann auch externe Kontaktpersonen hinzugezogen werden, ist je nach Situation zu entscheiden. Bei gesonderten Mobilitätsgesprächen ist ein Rhythmus festzulegen, z. B. 14-tägig, monatlich … Die Abstände sind abhängig davon, über wie viele Personen dabei gesprochen wird, wie viel Zeit nötig ist. Eine Minimallösung ist jedoch, dass ein Forum geschaffen wird, in dem sich Pflege und sozialer Dienst oder Betreuung miteinander absprechen (sofern es nicht bereits besteht).

Einen für alle Einrichtungen gleichermaßen idealen Weg zum Informationsaustausch gibt es sicher nicht. Jedes Haus sollte aber den interprofessionellen Austausch überhaupt im Blick haben und seine spezielle Lösung dafür entwickeln.

Evaluation

Der Allgemeinzustand des Menschen, seine Wünsche und die Situation verändern sich mit der Zeit. So ist es notwendig, Maßnahmen und Aktivitäten von Zeit zu Zeit zu überprüfen und anzupassen. Das geschieht mit der individuellen Evaluation. Dabei werden geleistete Maßnahmen fachlich überprüft und bewertet. Passen die erfassten Informationen und Vereinbarungen nicht mehr zur veränderten Situation, müssen SIS und Maßnahmenplanung entsprechend überarbeitet werden.

Kann etwa Frau K. (siehe Beispiel Seite 22) nach mehrwöchigem Training mit dem Rollator nun zeitweise wieder ohne dieses Hilfsmittel gehen, braucht dabei aber Begleitung, ist zu überprüfen, wann und in welcher Form die veränderte Bewegungseinheit ins Tagesprogramm einzubauen ist und wer die Begleitung dabei übernimmt.

So könnte z. B. die Eintragung im Spätdienst wie folgt verändert werden:

Beispiel: Frau K.

VORHER

„Sie übt allein das Gehen am Rollator und kann ihre Tagesform selbst realistisch einschätzen. Nach dem Mittagschlaf darauf achten, dass sie feste Schuhe trägt."

NEU

Zehn bis 15 Minuten Gehtraining ohne Hilfsmittel. Begleitung (Pflegekraft, sozialer Dienst oder Tochter Elvira L. erforderlich. Rollator zur Sicherheit mitführen bzw. in Reichweite abstellen (Begleitperson).

Für die Auswertung der Beobachtungen und der erhobenen Daten gibt es keine bindende Regelung hinsichtlich der Zeiträume. Diese legt jede Einrichtung individuell fest und hinterlegt sie im QM. Überprüfungen können festgelegt werden

- für regelmäßige Zeitabschnitte, abhängig von der Risikomatrix, z. B. täglich, wöchentlich, 14-tägig, monatlich usw. oder
- anlassbezogen, z. B. bei akuten Ereignissen wie nach einem Sturz, nach Ende der vom Arzt angesetzten Physiotherapie (Ablauf eines Rezepts), nach dreimaliger Teilnahme am Sturzprophylaxe-Angebot oder
- themenbezogen, z. B. für das Modul „Mobilität und Beweglichkeit", speziell Gehfähigkeit usw.

Die Überprüfung kann z. B. stattfinden im Rahmen einer Fallbesprechung, einer Pflegevisite oder als alleinige Einschätzung einer Fachkraft. Der Pflegebericht gibt bei einer Einschätzung wichtige Informationen. Zur Beurteilung eignen sich Fragen wie:

- Was hat sich seit dem Zeitpunkt X verändert? Allgemeinzustand, Risikoanalyse, Wohlbefinden, Mobilität …
- Wurden die Maßnahmen wie geplant durchgeführt? »Abweichungen siehe Berichteblatt.
- Gab es Probleme bei der Umsetzung der Maßnahmen? Welche?

- Wurden Beratungsgespräche geführt? Themen, Inhalte …
- Wie ist die Einschätzung des pflegebedürftigen Menschen selbst? Akzeptiert er (noch) vereinbarte Ziele und Maßnahmen? Hat er (neue) Wünsche?
- Ist eine Anpassung der SIS erforderlich? Wenn ja, in welchen Bereichen?
- Sind Veränderungen in der Maßnahmenplanung nötig?

Unabhängig vom Ist-Zustand des pflegebedürftigen Menschen sollten SIS und Maßnahmenplanung regelhaft mindestens einmal jährlich überprüft und evaluiert werden.

Erkennen, beschreiben, formulieren

Alle, die mit einem pflegebedürftigen Menschen zu tun haben, beobachten teils bewusst, teils unbewusst, dessen Entwicklung. Doch nur die Profis müssen ihre Beobachtungen in Worte fassen und niederschreiben. Und genau das macht im Pflegealltag vielen Probleme. Häufig sind Inhalte vorhanden, das heißt die verantwortliche Person hat durchaus genaue Vorstellungen von dem, was sie ausdrücken will, kann es aber nicht in die richtigen Worte fassen, um anderen genau den Eindruck, die Information, zu vermitteln, die sie meint. So entstehen Missverständnisse, weil

- der wirklich treffende Ausdruck fehlt oder
- keine einheitliche Sprachregelung besteht

und so das Verständnis erschwert wird.

Dabei spielt oft die Umgangssprache eine Rolle. Ein typisches Beispiel dafür ist das Verb „laufen". Steht z. B. im Berichteblatt *„Frau P. äußert, sie habe beim Laufen stechende Schmerzen im Knie"*, können Mitarbeiterinnen diese Information sehr unterschiedlich interpretieren, abhängig von ihrem eigenen Sprachverständnis und ihrer Bewegungsbiografie.

- Umgangssprachlich bedeutet „laufen" schlicht gehen.
- Der *Duden* lässt viele verschiedene Bedeutungen zu, auf jeden Fall eine Fortbewegung in aufrechter Haltung auf den Füßen, zu Fuß gehen, meist zügig …
- Sportlich geprägte Menschen verstehen unter „laufen" eher schnelles Fortbewegen auf zwei Beinen. Doch spielt nicht nur das Tempo eine Rolle, sondern vor allem die Tatsache, dass es bei jedem Schritt eine kurze Flugphase gibt, bei der sich für einen kurzen Augenblick beide Fußsohlen vom Boden lösen.

Je nachdem, wer mit welchem persönlichen Hintergrund die Eintragung im Berichteblatt liest, ist – abgesehen von einer Information an Arzt bzw. Ärztin – mit unterschiedlichen Konsequenzen zu rechnen. Mitarbeiterin A wird womöglich Frau P. nur noch sitzen lassen und nicht mehr zum Gehen animieren oder gar davor warnen. Mitarbeiter B könnte Frau P. durchaus noch zum Gehen motivieren, aber darauf hinweisen, dass sie sich nur langsam fortbewegt. Mitarbeiterin C weiß zwar, dass Frau P. nicht gerade dazu neigt, sich rennend über die Flure oder durch den Garten zu bewegen, also sicher nicht im sportlichen Sinne läuft. Aber gleichzeitig ist sie von ihrer eigenen sportlichen Aktivität geprägt und erklärt Frau P., dass sie auf alle Fälle weiter gehen, sich nur mit dem Tempo nicht überfordern und bei plötzlich auftretendem, ungewohntem Schmerz aufhören soll.

Dieses Beispiel verdeutlicht, dass es wichtig ist, sehr genau zu formulieren und Missverständnisse so weit wie möglich zu vermeiden. Wissen alle genau Bescheid, was unter einer Eintragung oder einem bestimmten Begriff zu verstehen ist, wird eine Situation eindeutig dargestellt, können Frau P. und andere pflegebedürftige Menschen optimal in ihrer Mobilität gefördert werden.

Das heißt für Mitarbeiterinnen in Pflege und sozialer Betreuung: Genau hinschauen, Wesentliches erkennen und herausfiltern, Worte genau wählen und treffend formulieren.

Aufbau und Handhabung der Formulierungshilfen

In bisherigen Pflegeplanungs- und Pflegedokumentationssystemen war es sinnvoll, teils mit feststehenden Begriffen, Satzfragmenten und Textbausteinen zu arbeiten. Bei dem neuen, grundlegend geänderten System dagegen verbietet sich die Nutzung solcher vorgefertigten, standardisierten Sätze quasi von selbst. Schließlich geht es künftig neben einer Verschlankung der Dokumentation mit Verringerung des Zeitaufwands für Bürotätigkeiten vor allem um Individualisierung von Pflege- und Betreuungsleistungen.

Diese ist nur dann zu erreichen, wenn eben nicht standardisiert formuliert wird und pflegebedürftige Menschen nicht durch solche, womöglich lediglich anzukreuzenden, Formulierungen in Kategorien eingeordnet werden. Im Gegenteil geht es um ganz persönliche und individuelle Darstellungen von Personen, deren Ressourcen, Wünschen und Vorstellungen. Die lassen sich kaum in ein Schema pressen.

Schwierigkeiten ergeben sich, wenn PC-Programme vorgefertigte Formulierungen anbieten. Auch bei der Arbeit mit EDV-Systemen sollten Verantwortliche daher darauf achten, dass individuelle Texte erstellt und nicht Worthülsen „abgeklickert" werden.

Es ist nötig, sich als verantwortliche Fachkraft, die einen Sachverhalt genau und unmissverständlich darstellen möchte, bei der Formulierung Gedanken zu machen, Ausdrucksmöglichkeiten abzuchecken und Unterschiede einzelner Begriffe, auch in Nuancen, bestmöglich zu erfassen. Dabei sollen die nachfolgend aufgeführten Formulierungshilfen unterstützen. Sie dienen der Klärung, der Einordnung von Beobachtungen und zeigen ein Spektrum von Möglichkeiten auf.

Insbesondere die Tabellen dienen der groben Orientierung im Themenfeld *Mobilität* und *Beweglichkeit* bzw. der Bewegungsaktivitäten.

Außerdem geht es in den folgenden Ausführungen darum, Inhalte von gezielten Bewegungsangeboten und -aktivitäten zu beschreiben, insbesondere zur Darstellung in den Maßnahmenplanungen, aber ebenso z. B. für hausinterne Ankündigungen in Programmen und Angebotsbeschreibungen.

Die Idee hinter diesem Buch ist, jeweils individuell zutreffende Beschreibungen zu „basteln" und die hier aufgeführten Formulierungsbeispiele als Anregung für eigene Darstellungen zu nutzen, quasi als Inspiration.

Ist-Analyse: Mobilität und Beweglichkeit beschreiben

Die Ist-Analyse ist in zwei Bereichen erforderlich – bei der SIS im Themenfeld 2 *Mobilität* und *Beweglichkeit* und als Basis für die daraus abzuleitende Maßnahmenplanung, die schließlich den Rahmen absteckt, wie Mobilität und Beweglichkeit in der Alltagsgestaltung bei und durch konkrete Aktivitäten berücksichtigt werden.

Außerdem spielt die Mobilität eine wesentliche Rolle bei der Einschätzung von Pflegebedürftigkeit nach dem NBA. Dort steht das *Modul Mobilität* sogar an erster Stelle, gefolgt von sieben weiteren.

Anders als im „Erfassungsbogen Mobilität" (EBoMo)[3], der fünf Mobilitäts-Kategorien, ähnlich dem NBA, zur Einschätzung heranzieht, geht es bei den Handreichungen im vorliegenden Buch nicht um standardisierte und wissenschaftsbasierte Einordnung, sondern um Materialien aus der Praxis für die Praxis.

Definition(en)

Das Themenfeld 2 in SIS ist mit *„Mobilität und Beweglichkeit"* betitelt, auf den ersten Blick eine so genannte Tautologie, ein weißer Schimmel, zwei Begriffe mit gleicher Bedeutung. Lateinisch *mobilitas* meint in seiner Grundbedeutung die Beweglichkeit, auch die Gewandtheit, außerdem im übertragenen Sinn die geistige Beweglichkeit.

Im deutschen allgemeinen, auch pflegerischen, Sprachgebrauch lässt sich jedoch trotz gewisser Überschneidungen durchaus ein Unterschied zwischen Mobilität und Beweglichkeit erkennen. So wird in der Regel unter Mobilität meist ein Ortswechsel – oder im engeren Sinn ein Lagewechsel – verstanden. Beweglichkeit dagegen betrifft in erster Linie Gelenke und deren Funktions- und Dehnfähigkeit.

Mobilität

Laut Expertenstandard[4] in der Entwurfsfassung wird Mobilität definiert als „Eigenbewegung des Menschen mit dem Ziel, sich fortzubewegen oder eine Lageveränderung des Körpers vorzunehmen".

Das umfasst die Fähigkeiten zum Positionswechsel im Bett, aber auch im Sitzen. Außerdem gehören dazu das Aufstehen und das Umsetzen und das sta-

---

3 Entwickelt von einer Arbeitsgruppe der Universität Witten/Herdecke unter Leitung von Angelika Abt-Zegelin.

4 DEUTSCHES NETZWERK FÜR QUALITÄTSENTWICKLUNG IN DER PFLEGE (DNQP): Expertenstandard nach § 113a SGB XI Erhaltung und Förderung der Mobilität in der Pflege. Abschlussbericht (Entwurf). Osnabrück 2014, S. 20

bile Sitzen sowie das Gehen. Dabei geht es um den Grad der Selbstständigkeit beim Fortbewegen innerhalb des Wohnumfelds einschließlich Treppensteigen. Im entsprechenden Modul des NBA gilt es zu erfassen, ob die einzelnen Aktionen

- selbstständig,
- überwiegend selbstständig
- überwiegend unselbstständig oder
- unselbstständig

stattfinden. Für die Einschätzung mit dem NBA ist es unerheblich, ob die genannten Aktionen mit oder ohne Hilfsmittel erfolgen.

Für die Maßnahmenplanung in Pflege und Betreuung dagegen ist es sehr wohl von Bedeutung, ob z. B. ein Gehstock, ein Gehbock oder ein Rollator zum Einsatz kommt.

Beweglichkeit

„Beweglichkeit ist die Fähigkeit, Bewegungen willkürlich und gezielt mit der erforderlichen bzw. optimalen Schwingungsweite der beteiligten Gelenke ausführen zu können."[5] Als verwandte Begriffe werden *Gelenkigkeit* und *Dehnfähigkeit* benutzt.

So genannte endogene Einflussfaktoren der Beweglichkeit sind Muskeln und Sehnen, Knochen und Knorpel, Gelenkkapseln und Bänder und deren Steuerung durch das Gehirn, also die koordinativen Fähigkeiten.

Daneben bestimmen exogene Faktoren wie Lebensalter, Belastungsintensität, Temperatur, Tageszeit usw. die Beweglichkeit.

So kann der Bewegungsradius eines Gelenks bei demselben Menschen sich in der Pflege unter wechselnden Bedingungen sehr unterschiedlich darstellen. Unter Einfluss von basaler Stimulation etwa lassen sich z. B. Fingergelenke häufig deutlich weiter strecken als im normalen Zustand. Ähnliches gilt für die Temperatur. Bei Wärme nimmt der Bewegungsumfang vieler pflegebedürftiger Menschen zu, z. B. in den oft eingeschränkten Schultergelenken.

---

5 Aus: MARTIN, D.| CARL, K.| LEHNERTZ, K.: Handbuch Trainingslehre. Hofmann, Schorndorf 1993, S. 147.

Mobilisation

Im Rahmen von Pflege, Betreuung und Therapie werden darunter Maßnahmen verstanden, die die Bewegungsfähigkeit, die Mobilität, eines Menschen fördern und erhalten.

Im engeren Sinn sind dies aktive oder passive Bewegungsübungen, im weiteren Sinn alle Aktivitäten, die vorhandene Einschränkungen mindern oder aufheben und damit Probleme vermeiden, die durch Immobilität entstehen (wie z. B. Kontrakturen oder Dekubitiprävention, Prophylaxe).

Konkret gehören dazu z. B.:

- Gehübungen,
- Treppentraining,
- Bewegen von Gelenken,
- Anleitung bei der Nutzung von Gehhilfen und anderen Hilfsmitteln,
- im Sitzen: aufrecht sitzen, Gewicht verlagern, Rumpfbeugen in verschiedene Richtungen etc.
- im Bett: anheben, aufsetzen, sitzen am Bettrand etc. nach Stufenplan
- usw.

Weiterhin gehören dazu Methoden, die der Muskelentspannung und -dehnung dienen und so die Beweglichkeit verbessern, z. B. in der Physiotherapie. Es geht darum, mit unterschiedlichen Methoden, die Ortsfixierung von Menschen aufzuheben.

Bewegungs-Biografie & Aktionsradius

Jeder Mensch hat im Lauf eines (langen) Lebens ganz individuelle Bewegungserfahrungen gesammelt. Das erfolgt in allen Lebensphasen in alltäglichen, schulischen, beruflichen und/oder sportlichen Zusammenhängen. Die Qualität und die Quantität dieser Erfahrungen bestimmen maßgeblich die individuelle Ausprägung motorischer Fähigkeiten und Fertigkeiten. Außerdem prägen sie die im höheren Erwachsenenalter erlebten Wirkungen und Konsequenzen von Bewegungsaktivitäten.

Tatsächlich spielen die motorischen Erfahrungen im Lauf des bisherigen Lebens auch eine Rolle dabei, wie es Einzelnen gelingt, sich im höheren Alter neue oder veränderte Bewegungen anzueignen. Das ist vor allem dann wichtig, wenn im Alter bei erkrankungsbedingten Bewegungseinschränkungen Alternativen zu bisherigen Gewohnheiten gefunden werden müssen. Aus der Bewegungs-Biografie lässt sich zu großen Teilen die Motivation erklären, die ein Mensch im Alter mitbringt, um motorisch aktiv zu sein oder zu werden.

Eine weitere, für die Gestaltung der Maßnahmenplanung wichtige Information ist die über den aktuellen Aktionsradius einer Person.

In welchem Umfeld kann oder mag sie sich bewegen? – Im Bett, im Zimmer, in der eigenen Wohnung, auf der Etage, dem Wohnbereich, im Haus über zwei oder mehrere Stockwerke, im Garten, im Umkreis von x Metern usw.

Gibt es bestimmte Orte oder Ziele, die zu erreichen dem betreffenden Menschen wichtig sind? – Der Garten, das Zimmer einer Mitbewohnerin, die Kapelle, der Friedhof …

Beispiele

- ***Fragen/Gesprächsimpulse zur Informationssammlung***
- *An was erinnert Sie das Stichwort „Schulsport"?*
- *Halten Sie sich gern in freier Natur auf?*
- *Spielte körperliche Aktivität eine Rolle in Ihrem Berufsleben?*
- *Ist oder war Bewegung Ihnen bei der Gestaltung der freien Zeit wichtig? (Haus, Garten, Feld, Radfahren …)*
- *Gibt es einen Sportverein, dem Sie sich verbunden fühlen?*
- *Interessieren Sie sich für eine bestimmte Sportart?*
- *Kommen Sie aus einer sportverbundenen Familie?*
- *An welchen Orten in Ihrer jetzigen Umgebung halten Sie sich gern auf, welche möchten Sie selbstständig erreichen können (z. B. Kiosk, Bibliothek, Foyer …)?*
- *Was hindert Sie manchmal, sich im Rahmen Ihrer jetzigen Möglichkeiten zu bewegen?*

Es geht ausdrücklich *nicht* darum, die Bewegungs-Biografie eines pflegebedürftigen Menschen komplett und ausführlich in der Pflegedokumentation zu verschriftlichen. Doch das Wissen darüber ist nötig, damit die Konsequenzen aus diesen Informationen in die Maßnahmenplanung sinnvoll einfließen können.

Das lässt sich kurz zusammenfassen und handlungsleitend für Pflege und Betreuung nutzen.

Beispiele für handlungsleitende, individuelle Informationen

Solche Formulierungen eignen sich auch für individuelle Bewegungskarten (siehe dazu Seite 80 f.).

Frau A. ist Ehrenmitglied des TV Adorf, in dem sie als Übungsleiterin und Vorstandsmitglied ihr Leben lang aktiv war. „Ein Tag ohne Bewegung ist ein verlorener Tag" ist ihr Motto. Der tägliche Spaziergang in den Garten ist ihr wichtig.

Herr B. musste beruflich auf dem Bau hart arbeiten. „Das war genug, nun will ich mich ausruhen." Er kann Strecken bis 50 Meter mit Rollator gehen, muss aber motiviert werden.

Frau C. entdeckte erst nach dem Heimeinzug ihre Begeisterung fürs Bewegen. „Beim Tai Chi bin ich ein neuer Mensch, vergesse alle Schmerzen." Seitdem nutzt sie jede Gelegenheit für motorische Aktivität, auch im Alltag.

Herr D. bezeichnet sich als „Fußballer", hat aber nach der Schulzeit nie aktiv Sport betrieben, ist eingeschworener Fan des FC D-Stadt. Überschätzt häufig seine Fitness, braucht außerhalb des Wohnbereichs Begleitung!

Frau E. kann sich im Zimmer ohne Hilfsmittel bewegen, traut sich aber meist nicht, ist unsicher. „Ich bin schon als Kind oft hingefallen", erklärt sie stereotyp. Braucht Ermutigung zu jeder Bewegungsaktivität.

Herr F. erzählt oft von seinem Beruf als Holzhauer, will ständig seine Kraft demonstrieren, kann Folgen nicht einschätzen. Muss im Umgang mit anderen, z. B. beim Ballspiel, gebremst werden.

Frau G. ist stolz auf sportliche Erfolge ihrer Familie (Kinder, Enkel). Sie selbst „brauchte das nicht, war immer in Haushalt und Garten aktiv". Braucht Erklärungen, wofür eine Bewegung gut ist (… damit Sie es bis zu Kapelle schaffen …), ist dann bereit dazu.

Herr H. leidet darunter, dass er sich nur noch im Rollstuhl bewegen kann, war früher aktiver Handballer. Lässt sich aber mit Materialien motivieren, die „etwas für Männer" sind.

Frau I. ist fingerfertig, strickt Socken. Mag alle Bewegungen, die sich im Sitzen ausführen lassen, vor allem mit Musik.

Herr J. versucht gelegentlich vom Stuhl aufzustehen, möchte spazieren gehen. Kann aber nur mit 2 Begleitpersonen wenige Schritte gehen. Ist gedanklich oft in seiner Zeit als Wanderführer oder beim Militär. Mag sich im Sitzen nicht bewegen, nur zum „Radetzky Marsch".

Frau K. verbringt den Tag im Bett, kann aber unter Anleitung Arme und Beine bewegen. Reagiert auf das Stichwort „Fahrrad", fährt dann in Rückenlage in der Luft Rad. Bewegt die Finger bei Klaviermusik oder Stichwort „Klavier".

Herr L. findet jede Art von Bewegung lästig und unnötig. „Dafür zahle ich schließlich hier." Doch gefällt es ihm überhaupt nicht, auf Hilfe zwingend angewiesen zu sein. Über das Stichwort „Selbstbestimmung" motivieren!

Frau M. ist im Alltag eher träge, mag sich nicht anstrengen beim Geh- und Treppentraining. Aber sie will unbedingt die Tochter im neuen Haus besuchen. Da liegt das Gästezimmer in der ersten Etage. Dieses Ziel vor Augen halten!

Beobachten hilft erkennen

Für eine detaillierte Analyse der Mobilität und des Bewegungsverhaltens ist zunächst genaues Hinschauen nötig. Erst danach kommt es aufs Formulieren an. Doch was konkret sollen Mitarbeitende in Pflege und Betreuung beobachten und – in welcher Form auch immer – ins Dokumentationssystem einfließen lassen?

Im Folgenden beispielhaft einige Leitfragen für die Beobachtung, in diesem Zusammenhang natürlich immer unter dem Aspekt Mobilität bzw. Bewegung:

- Wie verhält sich … während der Körperpflege? (Aktiv, passiv, experimentierfreudig …)
- Kann … Handlungsanweisungen befolgen? (Hand öffnen, Arm heben, Bein strecken …)
- Reicht die Kraft, um notwendige Handlungen bei der Körperpflege auszuführen? (Sich am Bettseitenteil halten bei einer Drehung, aufsetzen, am Waschbecken stehen …)
- Spricht … über eigene Bewegungserfahrungen? (In früheren Lebensphasen, aktuell …)
- Wie gestaltet … den Alltag, wenn keine Impulse von anderen gegeben werden? (Sitzt | liegt nur da, bewegt stereotyp Finger | Füße, steht ständig vom Stuhl auf und setzt sich nach wenigen Schritten wieder …)
- Welche Aktivitäten bereiten … im Alltag Probleme?
  - Bei der Körperpflege: Hände/Finger öffnen, in Seitenlage liegen, das Gesäß anheben, sich selbst teilweise waschen, am Waschbecken sitzen/stehen, Zahnpasta aus der Tube drücken, den Rasierapparat halten …
  - Beim Anziehen: Schuhe anziehen, Knöpfe schließen, den Arm in den Ärmel stecken …
  - Beim Toilettengang: Kleidung öffnen | hinunter-/heraufziehen | hinsetzen/aufstehen …
  - Beim Essen/Trinken: Besteck halten, Hand ruhig halten, Löffel zielgenau zum Mund führen, Flasche öffnen und Getränk eingießen, Trinkgefäß halten | zum Mund führen …
  - Beim Gehen: Angst, Atmen, Gleichgewicht, aufrechte Haltung, Schrittlänge, gleichmäßige Schritte, Taktung, verkrampfter Gang, unkontrollierte Bewegungen, in Gang kommen …

  - Bei der Beschäftigung: Mit der Schere umgehen, einen Stift halten, flüssig schreiben, eine Kontur ausmalen, eine Spielkarte halten, eine Schleife binden …
- Hat … selbst Ziele? Was möchte … erreichen? (Wieder selbst bis zum Nachtschrank reichen können, um etwas zu greifen; die Hand wieder öffnen …)
- Welchen Gesamteindruck vermittelt …? (Altersentsprechend fit, von Schmerzen geprägt, teilnahmslos, unruhig, bewegungsfreudig, bewegungsunlustig …)

Das sind nur einige wenige Beispiele. Mit etwas Übung schärft sich der Blick, und Ressourcen und Probleme, die mit Bewegung zu tun haben, werden immer leichter erkannt.

Formulierungs-Beispiele

Sollen aktuelle Bewegungsmöglichkeiten eines pflegebedürftigen Menschen beschrieben werden, geben die folgenden Formulierungs-Beispiele Anhaltspunkte für eigene Beschreibungen. Meist ist es zweckmäßig, sich „vom Groben zum Feinen" zu arbeiten bei solch einer Darstellung. Das bedeutet zunächst die Betrachtung, WO bzw. WIE bewegt sich die betreffende Person. Die folgende Übersicht ermöglicht eine grobe Einordnung.

Indoor

Position	Aktions-radius	Hilfsmittel	Unterstützungs-bedarf	Unterstützung von
Bett		• Aufrichter • Bettleiter • Aufstehhilfe • Bettfahrrad • …	• 1 Person • 2 Personen • Selbstständig • …	• Pflegefachkraft • Pflegehilfskraft • Betreuung • Angehörige • N. N. • …
Pflege-sessel		• Lifter • Transfergurt • Tisch • …	• 1 Person für Transfer • 2 Personen für Transfer • selbstständig • …	• Pflegefachkraft • Pflegehilfskraft • Betreuung • Angehörige • …
Ange-passter, eigener Rollstuhl	• Eigenes Zimmer • Wohn-bereich • …	• Lifter • Transfergurt • Rutschbrett • Fuß-/ Bein-stützen • …	• 1 Person für Transfer • 1 Person Begleitung • selbstständig, be-wegt RS mit Armen • selbstständig, mit Beinbewegungen ohne Fußstützen • …	• Pflegefachkraft • Pflegehilfskraft • Betreuung • Angehörige • N. N. • …
Rollstuhl (Trans-port …)	• Eigenes Zimmer • Wohn-bereich • …	• Lifter • Transfergurt • Rutschbrett • Fuß-/ Bein-stützen • …	• 1 Person Begleitung • selbstständig, be-wegt RS mit Armen • selbstständig, mit Beinbewegungen ohne Fußstützen • …	• Pflegefachkraft • Pflegehilfskraft • Betreuung • Angehörige • N. N. • …
Stuhl mit Armleh-nen		• Katapultsitz • Sitz-erhöhungs-kissen …	• 1 Person zum Aufstehen • 1 Person zum Aufstehen | Hinsetzen …	• Pflegefachkraft • Pflegehilfskraft • Betreuung • Angehörige • N. N. • …
Stuhl ohne Armleh-nen		• Drehscheibe (weitgehend überholt!!!) • …	• 1 Person zum Aufstehen • 1 Person zum Aufstehen | Hinsetzen • …	• Pflegefachkraft • Pflegehilfskraft • Betreuung • Angehörige • N. N. • …

Position	**Aktions-radius**	**Hilfsmittel**	**Unterstützungs-bedarf**	**Unterstützung von**
Stehend mit Halte-möglich-keit		• Handlauf • Stuhl-Rückenlehne • Doppelstuhl • …	• 1 Person zur Beob-achtung | Anleitung • Selbstständig • …	• Pflegefachkraft • Pflegehilfskraft • Betreuung • Angehörige • N. N. • …
Frei stehend	• Mit Gewichts-verlagerung • ohne Gewichts-verlagerung	• Anti-Rutsch matte • …	• 1 Person zur Beob-achtung | Anleitung • Selbstständig • …	• Pflegefachkraft • Pflegehilfskraft • Betreuung • Angehörige • N. N. • …
Gehend, in Fortbe-wegung	• Zimmer • Flur • Etage • Gesamtes Gebäude	• Gehstock • Vierfuß-Gehstock • Unterarm-gehstütze(n) • Gehbock • Rollator • Gehwagen • …	• 1 Person zur Begleitung • Selbstständig • …	• Pflegefachkraft • Pflegehilfskraft • Betreuung • Angehörige • N. N. • …

Outdoor

Position	**Aktionsradius**	**Hilfsmittel**	**Unterstützungs-bedarf**	**Unterstützung von**
Rollstuhl	• Garten, einge-zäunter Bereich • Hauseigener Garten komplett • Straße bis • …	• Notrufarm-band • …	• 1 Person zur Begleitung • 1 Person zum Schieben • selbstständig • …	• Pflegefachkraft • Pflegehilfskraft • Betreuung • Angehörige • N. N. • …

Position	Aktionsradius	Hilfsmittel	Unterstützungsbedarf	Unterstützung von
Gehend, in Fortbewegung	• Garten • Innenstadt • …	• Notrufarmband • Gehstock • Vierfuß-Gehstock • Unterarmgehstütze(n) • Gehbock • Rollator • Gehwagen • …	• 1 Person zur Begleitung • selbstständig • …	• Pflegefachkraft • Pflegehilfskraft • Betreuung • Angehörige • N. N. • …

Nach dieser schematischen Betrachtung lässt sich ein Gesamteindruck formulieren, z. B.:

Herr A. ist nach dem Transfer per Lifter vom Bett in seinen Rollstuhl selbstständig mobil. Er bewegt den Rollstuhl aktiv mit den Armen, kann Strecken bis zum Ende der Straße und zurück allein zurücklegen.

Frau B. geht im Zimmer frei und ohne Hilfsmittel. Für Spaziergänge im Garten benötigt sie ihren Rollator und eine Person zur Begleitung, damit sie sich sicher fühlt, keine Fachkraft erforderlich.

Herr C. kann sich täglich ca. drei Stunden am Stück außerhalb des Betts aufhalten. Sitzt stabil in einem Stuhl mit Armlehnen. Benötigt Unterstützung zum Hinsetzen und Aufstehen.

Frau D. bewegt sich mit ihrem Gehstock frei auf dem Wohnbereich. Treppensteigen über eine Etage ist mit einer Begleitperson zur Anleitung möglich.

Herr E. geht allein mit seinem Rollator bis in die Innenstadt, benötigt aber außerhalb des Hauses sein Notrufarmband.

Frau F. kann im Bett selbstständig mithilfe des Aufrichters ihre Position verändern. Um das Kopfteil zum Sitzen aufzustellen, benötigt sie Unterstützung, kann dann die Sitzposition bis zu einer Stunde halten.

Herr G. kann sich selbstständig vom Stuhl in den Rollstuhl umsetzen. Bewegt sich damit mit Trippelschritten auf dem gesamten Wohnbereich.

Frau H. bewegt sich selbstständig mit dem Rollator auf dem Wohnbereich. Sie sitzt stabil in einem Stuhl mit Armlehnen, benötigt für die Füße ein Balancepad o. Ä., um Bodenkontakt zu haben.

Herr I. kann bei der Körperpflege oder Transfers kurz stehen. Arme und Hände bewegt er oft unkontrolliert, nicht zielgenau. Benötigt bei feinmotorischen Tätigkeiten viel Unterstützung.

Der Gesamteindruck vom Bewegungsbild eines Menschen lässt sich individuell beschreiben. Dabei geht es um die ganzheitliche, die synthetische, Betrachtung. Oft ist es sinnvoll, vor dem detaillierten Darstellen von Bewegungsmöglichkeiten, zunächst eine zusammenfassende Einschätzung vorzunehmen. Das erleichtert vor allem für diejenigen, die die pflegebedürftige Person nicht genau kennen, z. B. für Praktikanten oder Mitarbeiterinnen im Springerdienst, den Umgang mit den Betreffenden. Einzelne Komponenten können zu einer Gesamtdarstellung kombiniert werden.

Beispiele

Die pflegebedürftige Person, Frau A. | Herr B. …

- ist mobil und bewegungsfreudig.
- ist mobil, zeigt aber keinerlei Eigeninitiative zur Bewegung, muss mehrmals täglich dazu aufgefordert werden.
- bewegt sich ruhig, zielgerichtet und harmonisch.
- bewegt sich hektisch, macht unkontrollierte, fahrige Bewegungen.
- beherrscht große, raumgreifende Bewegungen.
- kann Bewegungen zielsicher steuern.

- verfügt über gute Bewegungskoordination, flüssig/harmonisch.
- bewegt sich planvoll | ruhig | besonnen.
- hat eine niedrige | hohe Bewegungsgrundgeschwindigkeit.
- kann sich ausdauernd bewegen.
- ist bei körperlich belastungsintensiven Aktivitäten schnell (nach wenigen Sekunden | … Anzahl Minuten) erschöpft.
- verausgabt sich bei körperlichen Tätigkeiten leicht, macht ohne Hinweis keine Pausen.
- geht in aufrechter Körperhaltung | leicht gebeugt | mit stark vorgebeugtem Oberkörper ...
- geht kleinschrittig | breitbeinig | trippelnd | schlurfend | federnd | steif …
- knickt beim Gehen stark ein in den Knien.
- rollt beim Gehen die Füße (nicht) ab.
- geht mit Gewichtsschwerpunkt auf der Fußaußenkante links | rechts | beide Füße.
- geht sicher, zügig und zielgerichtet.
- geht unsicher und langsam.
- geht mit | ohne Armeinsatz.
- bewegt Gliedmaßen unkontrolliert.
- kann sich nur mit Unterstützung | Begleitung fortbewegen, geht dann aber zügig und sicher.

- kann sich nur mit Unterstützung | Begleitung fortbewegen, klammert sich dabei fest.
- hat Körperspannung.
- hat schlaffe, kraftlose Körperhaltung.
- kann nur geringe Eigenbewegungen ausführen.
- kann alle Extremitäten frei und kraftvoll bewegen – geführt | schwingend.

- nutzt im Alltag jede Gelegenheit zur Bewegung, steht häufig vom Stuhl auf, um etwas zu holen oder zu erledigen, setzt sich dann wieder.
- benutzt im Alltag regelmäßig (täglich | andere Zeiträume) Treppen über eine oder mehrere Etagen | allein | in Begleitung.
- kann im Sitzen intensive Oberkörperbewegungen sicher ausführen.
- bewegt sich intensiv bei Partnerübungen mit Pflege-/ Betreuungskraft.
- kann passiv | aktiv Arm- und Fingerbewegungen in allen Gelenken ausführen.
- ist feinmotorisch geschickt, fingerfertig.
- trommelt ausdauernd mit den Fingern (Fingertapping) | den Füßen (Fußtapping).
- reibt stereotyp mit den Handflächen über die Oberschenkel.
- nestelt an Kleidung, Tischdecken etc.
- verhält sich völlig passiv, muss zu jeder Bewegung aufgefordert werden.
- ist mobil, beschränkt aber körperliche Aktivitäten im Alltag auf das Nötigste (Toilettengänge etc.).
- ist bettlägerig, kann kaum Eigenbewegungen ausführen.
- ...

Die nachfolgend auf den Seiten 46 f. aufgeführten Bewegungsmöglichkeiten sind ausdrücklich BEISPIELE, umfassen also keineswegs das komplette Bewegungsspektrum eines Menschen.

Sie dienen als Anregung für Pflegefachkräfte, um für alle Mitarbeiterinnen aus Pflege und sozialem Dienst im Umfeld des pflegebedürftigen Menschen möglichst detailliert zu beschreiben, wie sie die jeweilige Person in ihrer Mobilität fordern und fördern können. So lässt sich Unter- oder Überforderung bestmöglich vermeiden, und eine optimale Förderung wird möglich. Eine Hilfe, vor allem für Mitarbeitende im sozialen Dienst, sind individuelle Karten je Bewohnerin, auf denen knapp und konkret die Möglichkeiten zusammengefasst werden (siehe dazu Seite 80).

Zur Information sind jedem Bereich die Vorgaben für die Begutachtung zur Feststellung von Pflegebedürftigkeit im Originaltext beigefügt (am Ende jedes Abschnitts im blauen Kasten).

Liegend – im Bett, am Boden, Extremitäten teils positionsunabhängig …

Die pflegebedürftige Person, Frau A. | Herr B., kann …

- in Rückenlage selbstständig den Kopf anheben | drehen nach rechts | links.
- in Rückenlage mit Unterstützung den Kopf anheben | drehen nach rechts | links.
- sich aus der Rückenlage selbstständig zu beiden Seiten drehen.
- sich mit Unterstützung einer Pflegekraft zu beiden Seiten drehen.
- in Seitenlage auf beiden Seiten die Position selbstständig halten.
- in Seitenlage auf beiden Seiten die Position mit leichter Unterstützung halten.
- in Seitenlage selbstständig das freie Bein anheben, links | rechts | beidseitig (Abduktion – Adduktion).
- in Rückenlage selbstständig geringfügige Gewichtsverlagerungen vornehmen.
- in Rückenlage das Gesäß anheben.
- in Rückenlage mit beiden Händen am Aufrichter das Gesäß anheben.
- in Rückenlage das rechte | linke | beide Bein(e) gestreckt anheben bis zu einem Winkel von … Grad.
- in Rückenlage das rechte | linke | beide Bein(e) aufstellen – aktiv | passiv.
- in Rückenlage das rechte | linke | beide Bein(e) beugen und strecken – aktiv | passiv.
- den rechten | linken Fuß | beide Füße strecken und beugen bis zu einem Winkel von … Grad – aktiv | passiv.
- mit dem rechten | linken Fuß | beiden Füßen kreisen, einwärts | auswärts – aktiv | passiv.

- sich selbstständig aufsetzen.
- sich mithilfe einer Bettleiter unter Anleitung aufsetzen.
- sich mit beidseitigen Lagerungshilfen in sitzender Position halten. Kopfteil dabei aufgerichtet in einem Winkel von … Grad.
- selbstständig am Bettrand sitzen über … Minuten.
- mit Lagerungshilfe am Bettrand sitzen.
- mit Unterstützung einer Pflegekraft am Bettrand sitzen.
- rechten | linken Arm | beide Arme gestreckt anheben (vorn, seitlich) bis auf Schulterhöhe … über den Kopf … senkrecht.
- rechten | linken Arm | beide Arme beugen und strecken bis einem Winkel von … Grad im Ellbogengelenk – aktiv | passiv.
- rechten | linken Arm | beide Arme aus dem Schultergelenk hinter den Körper, auf den Rücken, bewegen – aktiv | passiv.
- rechte | linke Hand | beide Hände nach oben | unten anwinkeln bis zu einem Winkel von … Grad – aktiv | passiv.
- rechte | linke Hand | beide Hände aus dem Handgelenk kreisen – aktiv | passiv.
- die Finger der rechten | linken Hand | beider Hände beugen und strecken – aktiv | passiv.
- die rechte | linke Hand | beide Hände leicht öffnen und schließen – aktiv | passiv.
- Finger einzeln aus den Fingergrundgelenken heraus heben, rechte | linke Hand.
- Bewegungsübungen liegend auf einer Bodenmatte ausführen.
- aus liegender Position am Boden mithilfe eines Stuhls in Teilschritten zum Stand kommen (erlernt in der Sturzprophylaxe).

Achtung

Für die Begutachtung nach dem NBA entscheidend sind in diesem Bereich die folgenden Kriterien:

„POSITIONSWECHSEL IM BETT
Einnehmen von verschiedenen Positionen im Bett, Drehen um die Längsachse, Aufrichten aus dem Liegen

Selbständig:
Selbständig ist auch eine Person, die ihre Position unter Nutzung von Hilfsmitteln (Aufrichthilfe, Bettseitenteil, Strickleiter, elektrisch verstellbares Bett) allein verändern kann.

Überwiegend selbständig:
Die Person kann beispielsweise nach Anreichen eines Hilfsmittels oder Reichen der Hand ihre Lage im Bett verändern.

Überwiegend unselbständig:
Die Person kann beim Positionswechsel nur wenig mithelfen, z. B. auf den Rücken rollen, am Bettgestell festhalten, Aufforderungen folgen, wie z. B. „Bitte die Arme vor der Brust verschränken und den Kopf auf die Brust legen."

Unselbständig:
Die Person kann sich beim Positionswechsel nicht oder nur minimal beteiligen."[6]

Sitzend – auf dem Stuhl, im Sessel, im Bett …

Die pflegebedürftige Person, Frau A. | Herr B., kann …
- selbstständig aufstehen | sich hinsetzen | sich umsetzen.

---

6 Aus: MDS Richtlinien zum Verfahren der Feststellung von Pflegebedürftigkeit sowie zur pflegefachlichen Konkretisierung der Inhalte des Begutachtungsinstruments nach dem Elften Buch des Sozialgesetzbuches (Begutachtungs-Richtlinien – BRi) vom 15.04.2016. Berlin 2016. S. 39

- sich mit Unterstützung einer Person (beide Hände reichen) hinsetzen | aufstehen.
- eine stabile Sitzposition selbstständig halten über einen Zeitraum von …
- stabil frei sitzen, ohne sich anzulehnen.
- stabil sitzen, abgestützt an der Rückenlehne.
- eine stabile Sitzposition mit Lagerungshilfen halten über einen Zeitraum von …
- selbstständig auf der Sitzfläche vor- und zurückrutschen.
- mit Anleitung auf der Sitzfläche vor- und zurückrutschen.
- frei sitzend, selbstständig Gewichtsverlagerungen nach vorn | hinten | seitlich vornehmen.
- frei sitzend das Becken kippen und aufrichten.
- frei sitzend den Oberkörper seitlich beugen rechts | links | beidseitig im Wechsel.
- den Oberkörper gebeugt nach vorn neigen und aufrichten im Wechsel.
- frei sitzend | abgestützt an der Rückenlehne auf dem Stuhl marschieren und dabei die Arme mit bewegen.
- frei sitzend | abgestützt an der Rückenlehne ein Bein gestreckt anheben rechts | links.
- frei sitzend | abgestützt an der Rückenlehne rechtes | linkes Bein aus dem Kniegelenk heraus beugen und strecken.
- frei sitzend | abgestützt an der Rückenlehne rechtes | linkes Bein gebeugt anheben.
- frei sitzend rechtes | linkes Bein im Wechsel seitlich nach außen stellen und wieder in die Mitte.
- frei sitzend | abgestützt an der Rückenlehne rechten | linken Fuß | beide Füße auf die Fersen | auf die Ballen stellen.
- frei sitzend | abgestützt an der Rückenlehne rechten | linken Fuß | beide Füße einwärts | auswärts drehen.

- frei sitzend | abgestützt an der Rückenlehne rechten | linken Fuß | beide Füße im Wechsel auf die Innen- und Außenkante stellen.
- Greifübungen mit den Zehen ausführen, rechter | linker Fuß | beide Füße.
- die Schultern anheben und absenken rechts | links | beidseitig.
- frei sitzend die Arme seitlich schwingen | führen aus dem Schultergelenk, rechts | links | beidseitig – aktiv | passiv.
- die Arme in Hochhalte bringen, rechts | links | beidseitig – aktiv | passiv.
- unter Anleitung Handgeräte und Kleinmaterialien einsetzen rechts | links | beidseitig.
- den Kopf seitlich zur Schulter neigen rechts | links | beidseitig im Wechsel.
- den Kopf nach hinten wenden, über die Schulter blicken, rechts | links | beidseitig im Wechsel.
- den Kopf nach vorn neigen Richtung Brustbein.
- …

Achtung

Für die Begutachtung nach dem NBA entscheidend sind in diesem Bereich die folgenden Kriterien:

„HALTEN EINER STABILEN SITZPOSITION
Sich auf einem Bett, Stuhl oder Sessel aufrecht halten.

Selbständig:
Selbständig ist eine Person auch dann, wenn sie beim Sitzen gelegentlich ihre Sitzposition korrigieren muss.

Überwiegend selbständig:
Die Person kann sich nur kurz, z. B. für die Dauer einer Mahlzeit oder eines Waschvorgangs, selbständig in der Sitzposition halten, darüber hinaus benötigt sie aber personelle Unterstützung zur Positionskorrektur.

Überwiegend unselbständig:
Die Person kann sich wegen eingeschränkter Rumpfkontrolle auch mit Rücken- und Seitenstütze nicht in aufrechter Position halten und benötigt auch während der Dauer einer Mahlzeit oder eines Waschvorgangs personelle Unterstützung zur Positionskorrektur.

Unselbständig:
Die Person kann sich nicht in Sitzposition halten. Bei fehlender Rumpf- und Kopfkontrolle kann die Person nur im Bett oder Lagerungsstuhl liegend gelagert werden".[7]

Stehend – ohne | mit Haltemöglichkeit …

Die pflegebedürftige Person, Frau A. | Herr B., kann …

- sicher ohne Haltemöglichkeit stehen im Semi-Tandemstand | Tandemstand[8].
- sicher ohne Haltemöglichkeit stehen im Semi-Tandemstand | Tandemstand und dabei Gewichtsverlagerungen vornehmen.
- sicher stehen im stabilen Stand (Beine etwas mehr als hüftbreit geöffnet, Fußspitzen zeigen leicht nach außen).
- sicher stehen im stabilen Stand bei gleichzeitiger Oberkörperaktivität.
- ohne | mit Haltemöglichkeit (Handlauf, Stuhl-Rückenlehne …) sicher stehen.
- ohne | mit Haltemöglichkeit Gehbewegungen am Platz ausführen, Halt mit einer | beiden Händen.
- ohne | mit Haltemöglichkeit sicher stehen und dabei Bewegungsübungen ausführen.
- stehend, ohne | mit Halt mit einer Hand | beiden Händen Kniebeugen mit leichten Wippbewegungen ausführen.

---

7 Aus: MDS Richtlinien zum Verfahren der Feststellung von Pflegebedürftigkeit sowie zur pflegefachlichen Konkretisierung der Inhalte des Begutachtungsinstruments nach dem Elften Buch des Sozialgesetzbuches (Begutachtungs-Richtlinien – BRi) vom 15.04.2016. Berlin 2016. S. 39 f

8 Beide Füße stehen hintereinander in gerader Linie, die Ferse des einen Fußes berührt die Spitze des anderen.

- stehend, ohne | mit Halt mit einer Hand | beiden Händen Kniebeugen mit einem Winkel von bis zu … Grad (nie unter 90 Grad!) ausführen, Gesäß dabei nach hinten unten schieben.
- stehend, in kurzer Schrittstellung, ohne | mit Halt mit einer Hand | mit beiden Händen leichte Einbeinkniebeugen ausführen, beide Knie gebeugt, Gewicht auf dem hinteren Bein, rechtes | linkes Bein | beide Beine im Wechsel.
- stehend, ohne | mit Halt mit einer Hand | beiden Händen ein Bein gestreckt nach hinten anheben, rechts | links | beide Beine im Wechsel.
- stehend, ohne | mit Halt mit einer Hand | beiden Händen ein Bein gebeugt nach hinten anheben, rechts | links | beide Beine im Wechsel.
- stehend, ohne | mit Halt mit einer Hand | beiden Händen ein Bein mit gebeugtem Kniegelenk anheben, rechts | links | beide Beine im Wechsel.
- stehend, ohne | mit Halt mit einer Hand | beiden Händen ein Bein gestreckt seitlich anheben, rechts | links | beide Beine im Wechsel.
- stehend, ohne | mit Halt mit einer Hand | beiden Händen in den Ballenstand gehen und diese Position kurz halten.
- stehend, mit Halt mit einer Hand | beiden Händen in den Fersenstand gehen und diese Position kurz halten.
- stehen auf instabiler Unterlage ohne | mit Halt mit einer | beiden Händen.
- …

Achtung

Für die Begutachtung nach dem NBA entscheidend sind in einem Teil dieses Bereichs die folgenden Kriterien:

„UMSETZEN
Von einer erhöhten Sitzfläche, Bettkante, Stuhl, Sessel, Bank, Toilette etc., aufstehen und sich auf einen Rollstuhl, Toilettenstuhl, Sessel o. Ä. umsetzen.

Selbständig:
Selbständig ist jemand auch dann, wenn er keine Personenhilfe benötigt, aber ein Hilfsmittel oder einen anderen Gegenstand zum Festhalten oder Hochziehen (z. B. Griffstangen) benutzt oder sich auf Tisch, Armlehnen oder sonstigen Gegenständen abstützen muss, um aufzustehen. Als selbständig ist auch zu bewerten, wer zwar nicht stehen kann, aber sich mit Armkraft ohne personelle Hilfe umsetzen kann (z. B. Bett – Rollstuhl, Rollstuhl – Toilette).

Überwiegend selbständig:
Die Person kann aus eigener Kraft aufstehen oder sich umsetzen, wenn sie eine Hand oder einen Arm gereicht bekommt.

Überwiegend unselbständig:
Die Pflegeperson muss beim Aufstehen, Umsetzen (erheblichen) Kraftaufwand aufbringen (hochziehen, halten, stützen, heben). Die beeinträchtigte Person hilft jedoch in geringem Maße mit, kann z. B. kurzzeitig stehen.

Unselbständig:
Die Person muss gehoben oder getragen werden, Mithilfe ist nicht möglich."[9]

Gehend – in Fortbewegung

Die pflegebedürftige Person, Frau A. | Herr B., kann …
- ohne Einschränkung sicher und selbstständig gehen.
- sich gehend frei im Raum bewegen und dabei weitere Aufgaben ausführen – ohne | mit Hilfsmittel.
- frei im Raum unterschiedliche Gangarten ausüben (auf den Ballen, Füße abrollen, schnell langsam, gebeugt / gerade, im Storchengang, anfersen …).
- frei im Raum gehend ohne | mit Hilfsmittel Richtungswechsel vollziehen.

---

9 Aus: MDS Richtlinien zum Verfahren der Feststellung von Pflegebedürftigkeit sowie zur pflegefachlichen Konkretisierung der Inhalte des Begutachtungsinstruments nach dem Elften Buch des Sozialgesetzbuches (Begutachtungs-Richtlinien – BRi) vom 15.04.2016. Berlin 2016. S. 40

- frei im Raum gehend ohne | mit Hilfsmittel | mit einer Hand am Handlauf unterschiedliche Schrittmuster gehen (breite, enge, kurze lange Schritte – vorwärts, rückwärts, seitwärts …).
- eine durchschnittliche Schrittlänge von … (Anzahl) Zentimeter erreichen.
- gehend, ohne | mit Hilfsmittel mit Begleitperson eine Denkaufgabe ausführen (Dual Tasking).
- im Nahradius (Zimmer, vertraute Umgebung) sicher und selbstständig gehen.
- mit Hilfsmittel (Gehstock, Gehbock, Rollator …) sicher und selbstständig gehen – Strecke in Metern | Zeit in Minuten.
- ohne | mit Hilfsmittel in Begleitung einer Person im Haus | im Freien selbstständig gehen – Strecke in Metern | Zeit in Minuten.
- ohne | mit Hilfsmittel unter Beobachtung einen Parcours mit kleinen Hindernissen überwinden.
- ohne | mit Hilfsmittel | mit einer Hand am Handlauf auf einer Linie gehen.
- am Handlauf selbstständig | unter Beobachtung | mit Begleitung eine Strecke von … Metern gehen.
- Treppenstufen steigen, aufwärts | abwärts, ohne | mit Begleitung, … Stufen (Anzahl) | … Etagen.
- …

Achtung

Für die Begutachtung nach dem NBA entscheidend sind in diesem Bereich die folgenden Kriterien:

„FORTBEWEGEN INNERHALB DES WOHNBEREICHS
Sich innerhalb einer Wohnung oder im Wohnbereich einer Einrichtung zwischen den Zimmern sicher bewegen
Als Anhaltsgröße für übliche Gehstrecken innerhalb einer Wohnung werden mindestens acht Meter festgelegt. […]

Selbständig:
Die Person kann sich ohne Hilfe durch andere Personen fortbewegen. Dies kann ggf. unter Nutzung von Hilfsmitteln, z. B. Rollator, Rollstuhl oder sonstigen Gegenständen, z. B. Stock oder Möbelstück, geschehen.

Überwiegend selbständig:
Die Person kann die Aktivität überwiegend selbständig durchführen.
Personelle Hilfe ist beispielsweise erforderlich im Sinne von Begutachtungs-Richtlinien Pflege – BRi Seite 41 von 267 Bereitstellen von Hilfsmitteln (z. B. Rollator oder Gehstock), Beobachtung aus Sicherheitsgründen oder gelegentlichem Stützen, Unterhaken.

Überwiegend unselbständig:
Die Person kann nur wenige Schritte gehen oder sich mit dem Rollstuhl nur wenige Meter fortbewegen oder kann nur mit Stützung oder Festhalten einer Pflegeperson gehen.
Die ausschließliche Fähigkeit der Fortbewegung durch Krabbeln oder Robben ist generell als „überwiegend unselbständig" zu bewerten.

Unselbständig:
Die Person muss getragen oder vollständig im Rollstuhl geschoben werden.

TREPPENSTEIGEN
Überwinden von Treppen zwischen zwei Etagen.
Treppensteigen ist unabhängig von der individuellen Wohnsituation zu bewerten.

Selbständig:
Die Person kann ohne Hilfe durch andere Personen in aufrechter Position eine Treppe steigen.

Überwiegend selbständig:
Die Person kann eine Treppe alleine steigen, benötigt aber Begleitung wegen eines Sturzrisikos.

Überwiegend unselbständig:
Treppensteigen ist nur mit Stützen oder Festhalten der Person möglich.

Unselbständig:
Person muss getragen oder mit Hilfsmitteln transportiert werden, keine Eigenbeteiligung."[10]

Bewegungs-Angebote und -Aktivitäten beschreiben

Für die individuelle Maßnahmenplanung gilt es, je Bewohnerin detailliert zu beschreiben, was wie oft und zu welchen Tageszeiten gewöhnlich an Bewegung angeboten bzw. vom Bewohner selbstständig und in Eigeninitiative unternommen wird. In der Regel geschieht das sinnvollerweise in der Tagesstruktur.

Gezielte Bewegung im (Pflege-)Alltag

Bewegung gehört nicht nur in die Angebotspalette einer Einrichtung im Sinn von Freizeitbeschäftigung oder von Sturzprophylaxe-Programmen. Sie sollte ihren festen Platz haben in der ganz gewöhnlichen Alltagsgestaltung. Damit körperliche Beanspruchung immer im Fokus von Mitarbeiterinnen und Mitarbeitern bleibt, ist es sinnvoll, sie mit ganz konkreten Aktivitäten in der Tagesstruktur zu erwähnen und zu verankern, oft in Verbindung mit (grund-)pflegerischen Maßnahmen. So werden sie im Sinn der „Immer-so-Regel" automatisch täglich ausgeführt, entwickeln sich zur Routine im positiven Sinn.

---

10 Aus: MDS Richtlinien zum Verfahren der Feststellung von Pflegebedürftigkeit sowie zur pflegefachlichen Konkretisierung der Inhalte des Begutachtungsinstruments nach dem Elften Buch des Sozialgesetzbuches (Begutachtungs-Richtlinien – BRi) vom 15.04.2016. Berlin 2016. S. 40 f

Die folgenden Beispiele zeigen, dass es viele Möglichkeiten gibt, quasi nebenbei ein Minimum an Bewegung in den Alltag von Bewohnern zu bringen. Vielen Mitarbeiterinnen in Pflege und Betreuung ist das sehr wohl bewusst. Sie erwähnen diese Bewegungssequenzen nicht ausdrücklich, doch sie handeln danach. Für sie sind Angaben wie die folgenden überflüssig. Aber es gibt noch immer genügend Pflegende und Alltagsbegleiter, auch Hilfskräfte, die ihr Augenmerk nicht auf solche Möglichkeiten richten, ihre Arbeit in Nuancen anders ausführen und so wichtige Chancen für den pflegebedürftigen alten Menschen ungenutzt lassen. Selbstverständlich geht es nicht darum, mit jeder Bewohnerin alle nachstehend aufgeführten Beispiele auszuführen, sondern immer eine individuelle Auswahl zu treffen, solche Übungen zu finden, die der Person angemessen sind und ihr Freude bereiten.

Beispiele

Bei der Körperpflege. BW[11]

- vor der Pflege, liegend im Bett, zum Radfahren in der Luft auffordern.
- bei der Waschung im Bett zum abwechselnden Beugen und Strecken der Beine auffordern.
- kommt selbstständig vom Liegen zum Sitzen am Bettrand, wenn das Kopfteil aufrecht gestellt wird.
- stehend am Waschbecken mehrmals im Wechsel in den Ballenstand gehen und wieder auf den ganzen Fuß stellen lassen.
- stehend am Waschbecken mehrmals leicht in die Knie und wieder in den stabilen Stand gehen lassen.
- wäscht Gesicht | weitere Körperteile selbst. Muss dazu aufgefordert werden.
- am Waschbecken kurz mit den Fingern im warmen Wasser „spielen" lassen.
- beim Waschen der Füße immer mehrmals ein Handtuch mit den Füßen | Zehen zusammenschieben, auseinanderfalten, hochheben … lassen.

11 BW = Bewohnerin oder Bewohner, pflegebedürftiger Mensch

- beim Fußbad einige Gegenstände (Kieselstein, kleinen Ball o. Ä.) mit den Füßen | Zehen aus dem Wasser holen lassen.
- während der Waschung mit einem Finger jeweils kurz eine Zahl, einen Buchstaben, ein einfaches Bild … auf ein Körperteil (Rücken, Handrücken, Handfläche) „schreiben" und erraten lassen.
- Knöpfe an Kleidungsstücken selbst schließen lassen.
- vor dem Weg zum Frühstück stehend am Rollator (Bremsen anziehen!) mehrmals im Wechsel linkes und rechtes Knie anheben lassen.
- …

Im weiteren Alltag. BW
- bei Transfer im Rollstuhl auf geraden Strecken selbst voran bewegen lassen.
- nach Transfer mit dem Rollstuhl mit Halt am (stabilen!) Tisch aufstehen und auf einen Stuhl umsetzen lassen.
- bei jedem Transfer mindestens einige Schritte mit Unterstützung gehen lassen. Begleitperson mit Handfassung frontal vor dem BW, geht rückwärts, BW vorwärts.[12]
- mehrfach täglich zum Ortswechsel motivieren – Aufenthalt wechselweise in Gemeinschaftsbereichen, Sitzecken, Bibliothek, Terrasse, Garten …
- einmal täglich im Wechsel auf stabilem und instabilem Untergrund stehen (Fußboden – Balance Pad o. Ä.).
- mindestens einmal täglich ein Stockwerk über das Treppenhaus zurücklegen lassen – abwärts und aufwärts, z. B. Zeitung oder Post im Foyer holen usw.
- täglich an der Treppe trainieren lassen – über drei Stufen mehrmals auf- und absteigen mit Halt am Handlauf.
- täglich zum Spaziergang auffordern – auf dem Wohnbereich, im Haus, im Garten.

12 Vgl.: „Drei-Schritte-Programm" von Dr. Angelika Abt-Zegelin

- selbst Brot streichen und Getränk eingießen lassen.
- zur Mitarbeit bei hauswirtschaftlichen Tätigkeiten auffordern.
- ...

Spezielle Bewegungsangebote /-aktivitäten

Nicht alle im Folgenden dargestellten Punkte dienen immer (nur) der Dokumentation oder der Pflegeplanung. Viele Details sind gleichzeitig Planungshilfen für das Bewegungsprogramm einer Einrichtung.

Neben bewegten Alltagstätigkeiten gehören spezielle Angebote zur Bewegung ins Programm einer jeden Altenpflegeeinrichtung. Seit Jahrzehnten ist die wöchentliche Gruppengymnastik beinahe überall im Veranstaltungsplan zu finden. Doch wird sie so betitelt und nicht näher beschrieben, fehlt es für viele Bewohner an Attraktivität, und sie nehmen nicht teil. Gerade diejenigen, deren frühere Lebensgewohnheiten nicht eng mit Bewegung verknüpft waren, die eine sport- und bewegungsferne Biografie mitbringen, fühlen sich von derlei Angeboten oft nicht angesprochen.

So sind Einrichtungen gut beraten, in regelmäßigen Abständen ihre Programme (und das gilt nicht nur für Bewegung) zur Freizeitgestaltung von Bewohnerinnen kritisch zu überprüfen und gegebenenfalls anzupassen. Häufig lassen sich pflegebedürftige alte Menschen von neuen Aktivitäten locken, wollen etwas ihnen bisher Unbekanntes erlernen, mit neuen Geräten umgehen oder trendige Bewegungsangebote wahrnehmen. Wer den Enkeln oder Urenkeln eine Übung aus dem Tai Chi zeigen oder erzählen kann „Ich habe heute *Nintendo-Wii® Bowling*[13] gespielt ...", oder „Bei der Sitzaerobic war es heute anstrengend ...", ist oft stolz auf das Erreichte.

Doch natürlich geht es nicht darum, ständig Neues zu bieten oder besonders gut klingende Titel für Angebote zu finden. Entscheidend sind der

---

13 Sportsimulation mit einer Spielkonsole, Bewegungstraining mit einer Fernbedienung vor dem TV-Monitor

Inhalt und vor allem die Kontinuität. Es genügt nicht, einmal an einer Bewegungsrunde teilzunehmen und danach in Passivität zu verfallen. Ein ansprechender Titel ist wichtig, um Menschen zum ersten Schritt zu motivieren. Danach ist die Qualität des Angebots, der Inhalt von Bedeutung. Die Bewegung muss Freude machen. Andernfalls wird sie sehr schnell wieder aufgegeben.

Nicht jedes spezielle Bewegungsangebot muss gleich eine komplette Gymnastik- oder Tanzstunde sein. Kleine Einheiten, kurze Bewegungssequenzen, aber dafür (mehrmals) täglich sind mindestens genauso wichtig. Dazu bedarf es meist keines großen Aufwands, doch sie müssen geplant sein, damit sie tatsächlich stattfinden und nicht in der Fülle von Alltagsaufgaben untergehen.

Selbst eine einzige Minute, in der eine Alltagsbegleiterin oder eine Betreuungskraft quasi im Vorbeigehen einen Bewohner aus der Lethargie holt und zu einer körperlichen Aktivität anregt (aufstehen und den Sitzplatz wechseln, Arme ausstrecken, zu einem Lied schunkeln, einen Ballon zuspielen …), kann bei regelmäßiger Durchführung viel bewirken. Je genauer solche Maßnahmen beschrieben sind, desto leichter fällt es den Mitarbeitenden, zielgerichtet zu arbeiten und für den alten Menschen Fortschritte zu erreichen.

Die folgenden Merkmale zur Beschreibung von Bewegungsangeboten sind Beispiele, die untereinander immer neu kombiniert und verknüpft werden können. So lassen sich eigene Darstellungen konkret formulieren. Dabei muss nicht zu jedem der Punkte auf Seite 56 f. immer etwas gesagt oder geschrieben werden. Oft genügen weniger Informationen.

Entscheidend ist jedoch, allen Mitarbeitenden eine Vorstellung vom Angebot zu geben. In bisherigen Dokumentationssystemen standen und stehen Eintragende jeweils vor der Wahl, was sie abzeichnen sollen und sind daher unsicher. So ist z. B. nach einer 10-minütigen Bewegungssequenz die Frage: Wird im Aktivierungsformular in der Spalte „Bewegung“ bzw. „Gymnastik“ abgezeichnet oder „10-Minuten-Aktivierung“? So oder so – die Kolleginnen, die nicht dabei waren, haben keine konkrete Idee davon, was gemacht wurde. Eine genauere Darstellung wäre hilfreich, damit Kollegen Begonnenes gezielt fortsetzen können.

Inhalt | Titel | Thema

Hier geht es darum, mit einem Stichwort oder wenigen Begriffen die Aktivität inhaltlich grob einzuordnen. Einige Begriffe überschneiden sich dabei inhaltlich. So ist z. B. in der Sturzprophylaxe üblicherweise sowohl Kraft- als auch Gleichgewichtstraining wesentlicher Bestandteil. Es gilt also, jeweils den Begriff auszuwählen, der die Aktivität am besten beschreibt, z. B.

- Gymnastik (allgemein)
- Atemgymnastik
- Fingergymnastik
- Fußgymnastik
- Wassergymnastik
- Beckenbodentraining
- Sturzprophylaxe
- Krafttraining
- Gleichgewichtstraining
- Fitnesstraining an Geräten
- Tanz
- Rollatortanz
- Sitztanz
- Line Dance
- Kreistanz
- Volkstanz
- Standardtanz
- Tanzimprovisation
- Rhythmik
- Tai Chi
- Qigong
- Yoga
- Spaziergang

- Denkspaziergang
- Dual Tasking (Doppelaufgaben-Training)[14]
- Gehtraining
- Schrittmusterübungen
- Bewegungsgeschichte
- Radfahren
- Fahrradergometer
- Hand- / Fußtraining mit Pedaltrainer
- Ballspiel
- Tischtennis | Pingpong
- Reaktionsspiele
- Geschicklichkeitsspiele
- Pantomime
- Kegeln
- Boccia
- Psychomotorische Aktivierung
- …

Organisationsform

Bewegung lässt sich in unterschiedlichen Organisationsformen durchführen. Die Merkmale lassen sich untereinander kombinieren.

Anzahl der Teilnehmenden, in der Regel unter Anleitung

- Einzeltraining allein, ohne Anleitung
- Einzeltraining mit anleitender Person
- Paartraining (z. B. die BW eines Doppelzimmers, Nachbarn …)
- Kleinstgruppe (2 – 3 Personen)

14 bezeichnet die Kombination einer Bewegungs- mit einer Denkaufgabe, gleichzeitig ausgeführt

- Kleingruppe (ca. 4 – 7 Personen)
- Gruppe (ab 8 Personen)

Aktivitäten finden statt
- in Fortbewegung
- stehend am Platz
- stehend am Platz mit Haltemöglichkeit (Handlauf, Doppelstuhl, gebremster Rollator …)
- sitzend auf dem Stuhl
- sitzend im Rollstuhl
- liegend auf einer Matte
- liegend im Bett
- stehend an verschiedenen Stationen (Parcours, Circuit Training …)
- sitzend an verschiedenen Stationen
- stehend und sitzend im Wechsel
- in Fortbewegung und sitzend im Wechsel
- in Fortbewegung, stehend und sitzend im Wechsel

Übungen werden ausgeführt
- einzeln
- zu Paaren
- als Gruppe gemeinsam
- im Wechsel von Einzel-, Partner- und Gruppenaufgaben

Anzahl Teilnehmende								Übungsausführung			
		A	B	C	D	E	F	G	H	I	J
		Einzel ohne Anleitung	Einzel mit Anleitung	Paar | 2 Personen	Kleinstgruppe	Kleingruppe	Gruppe	Einzeln	Paarweise	Als Gruppe gemeinsam	Abwechselnd G - I
1	In Fortbewegung			X				X	X		
2	Stehend am Platz			X				X	X		
3	Stehend mit Haltemöglichkeit					■					■
4	Sitzend auf dem Stuhl			X		■	●				■ ●
5	Sitzend im Rollstuhl										
6	Liegend auf einer Matte			X							
7	Liegend im Bett										
8	Stehend an Stationen			X							
9	Sitzend an Stationen			X			●				●

Dieses Schema lässt sich nutzen zur Darstellung der Bewegungssituation einzelner Personen (Beispiel X ■) oder von Bewegungsangeboten, die in einer Einrichtung zur Auswahl stehen (Beispiel ●)

Beispiel X ■

Frau A. trainiert gemeinsam mit ihrer Zimmernachbarin. In der überschaubaren Zweiersituation fühlt sie sich sicher und übt in der Fortbewegung ebenso wie stehend am Platz ohne Haltemöglichkeit oder im Sitzen. Außerdem traut sie sich dann auf eine Bodenmatte, um das Aufstehen vom Boden für den Notfall zu trainieren. Ist ein Parcours aufgebaut, kann sie dessen Stationen sowohl stehend als auch sitzend absolvieren.

Bei entsprechendem Angebot beteiligt sich Frau A. an der Gymnastik in der Kleingruppe. Dort benötigt sie zum Üben im Stehen eine Haltemöglichkeit oder sie trainiert sitzend auf dem Stuhl. Dort macht sie Einzelaufgaben ebenso mit wie Partner- und Gruppenübungen.

Verändert sich die Situation und Frau A. wird sicherer, kann sie sich womöglich auch in der Kleingruppe stehend am Platz ohne Haltemöglichkeit bewegen oder zusätzlich an einem Angebot in größerer Gruppe teilnehmen.

In den Unterlagen von Frau A. könnte es verkürzt heißen:
C1, C2, C4, C6, C8, C9 und E3J, E4J.

Beispiel ●

Ein Angebot im wöchentlich wiederkehrenden Programm heißt „Hier geht's rund". Dabei werden Ballspiele in der Gruppe angeboten. Gewöhnlich kommen ca. 10 Teilnehmende, die meistens im Stuhlkreis sitzen und als Gruppe gemeinsam spielen. Gelegentlich wird zwischendurch einzeln oder paarweise geübt. Ab und zu wird ein Parcours aufgebaut, dessen Stationen sitzend zu absolvieren sind.

Verkürzt: *F4J, F9J.*

Ist ein Angebot so beschrieben, weiß jede Mitarbeiterin, was zu tun ist. Bei der Dokumentation müssen diese Merkmale nicht mehr einzeln beschrieben werden.

Räumlichkeit | Ort

Es ist keineswegs erforderlich, ein Bewegungsangebot immer in einem speziellen Gymnastiksaal oder Aktivierungsraum durchzuführen. Ob es Sinn macht, einen solchen aufzusuchen – vorausgesetzt, die Einrichtung verfügt überhaupt über einen – hat mit verschiedenen Faktoren zu tun, z. B. Länge des Zeitfensters, Gruppengröße, benötigte Materialien und Geräte usw. Viel Bewegung findet einfach dort statt, wo sich alte Menschen ohnehin aufhalten: in ihrem Zimmer, in Gemeinschaftsbereichen, im Speiseraum etc.

Mit der Auflistung all dieser Möglichkeiten geht es an dieser Stelle weniger um Fragen der Dokumentation, sondern vielmehr darum, diese Orte als Bewegungsräume ins Bewusstsein zu rufen.

Bewegungsaktivitäten können stattfinden

im Haus:

- (Bewohner-)Zimmer
- Flur am Handlauf
- Speiseraum am Tisch
- Speiseraum (umgeräumt)
- Gemeinschaftsraum
- Sitzecke im Flur
- Gymnastiksaal
- Aktivierungsraum
- …

im Freien:

- Balkon
- Terrasse
- Garten
- Grünanlage in der Nähe
- …

Wichtig ist neben dem Ort bzw. der Räumlichkeit, Information zur Ausstattung des Raums und zu deren Anordnung.

Zur Ausstattung kann z. B. gehören:

- Tische
- Stühle
- Freifläche
- Handlauf
- Bodenbelag: Teppichboden | Parkett | PVC | Steinplatten | Rasen …
- Ebenerdiger Ausgang ins Freie
- Telefonanschluss (ansonsten Mobiltelefon)

- Toilette in unmittelbarer Nähe
- ...

Beispiele für die Anordnung

- 1 großer Tisch, Blockform, Stühle drumherum
- Gruppentische je 4 Personen mit Stühlen, verteilt im Raum
- Stuhlkreis
- Doppelstuhlkreis
- Stühle in Reihen- / Blockaufstellung, alle gleiche Blickrichtung
- Stuhlreihe vor Handlauf
- ...

Zeitrahmen | Dauer

„Lieber täglich eine kurze Bewegungssequenz, als wöchentlich eine ganze Stunde" – das sollte Motto jeder Altenpflegeeinrichtung sein. Selbstverständlich gehören zusätzlich zur täglichen Körperaktivität spezielle (Gruppen-)Angebote im mindestens wöchentlichen Rhythmus.

Die Dauer der Aktivität muss nicht immer gleichbedeutend sein mit der Dauer des Personaleinsatzes. So kann viel Bewegung von alten Menschen selbstständig und ohne Anleitung ausgeführt werden, wenn sie nur einen Impuls von außen bekommen. Oft genügt eine Einführung in bestimmte Bewegungsabläufe, womöglich in Form eines mehrmals wiederholten Einzeltrainings, um nach einer Gewöhnungsphase allein Übungen zu wiederholen. Ein Beispiel dafür ist das regelmäßige Üben mit einem Pedaltrainer – mechanisch oder mit Motorantrieb. Er wird wahlweise zum Arm- oder Beintraining eingesetzt. Sobald die Handhabung klar ist, genügt für viele Bewohner die Erinnerung an den täglichen Einsatz, und es kann allein, ohne Anwesenheit einer Mitarbeiterin, eine Bewegungssequenz durchgeführt werden. Dabei ist gelegentlich auch der Einsatz eines Kurzzeitweckers sinnvoll, damit die vorgesehene Zeitspanne eingehalten wird.

Grundsätzlich kann Bewegung zu jeder Tageszeit stattfinden. Die Zeitpunkte sollten jedoch möglichst genau festgelegt werden, damit die vorgesehenen Einheiten tatsächlich stattfinden. Wird etwas nur für „irgendwann" eingeplant oder „wenn Zeit ist", so findet es häufig am Ende gar nicht statt.
Also planen für bestimmte Zeitfenster, z. B.:

- Früh morgens, vor der Pflege
- Vormittags, zwischen 10.00 und 11.00 Uhr
- Direkt vor dem Mittagessen, ab ca. 11.30 Uhr
- Direkt vor dem Nachmittagskaffee, ab ca. 14.30 Uhr
- Nachmittags, zwischen 14.30 und 16.30 Uhr
- Abends, direkt nach dem Abendessen
- …

So lässt sich jede Bewegungseinheit einer konkreten Schicht zuordnen, die dann die Aufgabe während ihres Dienstes übernimmt. Nach der „Immer-so-Regel" wird die Aktivität dann zur Routine, sofern sie in der Tagesstruktur entsprechend vermerkt ist.

Die Dauer einer Bewegungseinheit kann von einer Minute bis hin zu in der Regel maximal 90 Minuten betragen. Im Ausnahmefall, z. B. bei einer speziellen Veranstaltung (Tanz-Nachmittag …), kann diese länger dauern, wird dann aber auf jeden Fall Pausen beinhalten.

Für einen pflegebedürftigen Menschen kann in bestimmten Situationen bereits eine Minute Bewegung riesige Erfolge bringen, vorausgesetzt sie wird gezielt und regelmäßig wiederkehrend so durchgeführt. Für Bewohner mit wenig Bewegungserfahrung oder -lust kann diese Einheit von einer Minute der Einstieg zu später längeren Sequenzen sein. Wichtig ist jedoch unbedingt, die geplante und regelmäßige Durchführung.

Daher sollte neben dem Zeitpunkt der Aktivität immer die ungefähre Dauer festgelegt werden, z. B.:

- bis zu 1 Minute
- 3 – 5 Minuten

- 5 – 10 Minuten
- 10 – 20 Minuten
- 30 Minuten mit kurzer Pause alle 5 Minuten
- 45 Minuten
- 60 Minuten
- 90 Minuten
- andere Zeiträume

Teilnehmende

Informationen über die Zielgruppe(n) von Bewegungsangeboten können entweder individuell auf speziellen Bewegungskarten (siehe dazu Seite 80) vermerkt oder bei Angeboten für mehr als eine Person bei der Beschreibung des Standardangebots angegeben werden.

Dazu gehört eine Information darüber, ob die Aktivität für eine bestimmte Anzahl von Personen, für eine kleinere oder größere Gruppe gedacht ist (siehe dazu Seite 62).

Darüber hinaus sind weitere Angaben sinnvoll, z. B.
für Teilnehmende, die folgende Merkmale erfüllen:

- Sportbegeistert und bewegungserfahren
- Bewegungsunerfahren
- Selbstständig in allen Bereichen
- Kann selbstständig Schuhe wechseln
- Benötigt beim Schuhwechsel Unterstützung
- Gehfähig ohne Einschränkungen
- Gehfähig mit Hilfsmittel
- Gehfähig mit Begleitperson
- Gehfähig für wenige Schritte
- Gehfähig für wenige Schritte mit Haltemöglichkeit
- Kann zeitweise stehend trainieren

- Kann zeitweise stehend trainieren mit Haltemöglichkeit
- Kann sitzend auf dem Stuhl trainieren
- Kann nur im Rollstuhl ohne Fuß-/Beinstützen trainieren
- Kann die Arme frei bewegen.
- Kann nur die Hände und Finger bewegen.
- Halbseitenlähmung teilweise | vollständig (Hemiparese | Hemiplegie), rechts | links
- Eingeschränkt in der Wahrnehmung beim Sehen | Hören …
- Vollständig orientiert
- Eingeschränkt in der Orientierung zeitlich | örtlich-räumlich | persönlich | situativ
- Eingeschränkt in der Kommunikation (z. B. versteht Anweisungen nicht immer, kann sich nicht verbal äußern …)
- …

Solche Informationen sind vor allem dann wichtig, wenn das Bewegungsangebot von Personen von außen geleitet wird, etwa einer Übungsleiterin aus dem örtlichen Turnverein, einem Physiotherapeuten o. Ä. Das muss nicht immer detailliert für alle Teilnehmenden dargestellt werden, aber eine grobe Umschreibung dessen, was in der jeweiligen Gruppe zu erwarten ist, hilft Außenstehenden. Sie können dann ihr Programm leichter an Menschen und Situation anpassen.

Sonst ist die Überraschung groß, wenn sich etwa eine Übungsleiterin, die gewöhnlich ihre Vereinsgruppe leitet, einer Gruppe gegenüber sieht, in der die Teilnehmenden körperliche oder kognitive Einschränkungen aufweisen, auf die sie nicht vorbereitet ist. Pflegenden oder Betreuungskräften sind solche Einschränkungen durch ihre tägliche Arbeit so selbstverständlich, dass sie manchmal unbedacht neue Bewohner in die Gruppe bringen, die ein Merkmal aufweisen, das bisher nicht dort vertreten war.

In der Regel ist bei Bewegungsgruppen für pflegebedürftige alte Menschen mit einer Zusammensetzung zu rechnen, in der viele der oben genannten Voraussetzungen in immer wechselnder Kombination gegeben sind. Für ein wirklich effektives, körperliches Training, bei dem es nicht in erster Linie um Beschäftigung, Freude, Gemeinschaftsgefühl (das natürlich sehr wichtig ist und seine Daseinsberechtigung hat!) geht, kann es oft sinnvoll sein, bestehende Angebote zu verändern. Das heißt z. B. eine Gruppe von 12 bis 15 Personen, die bisher einmal wöchentlich für eine Stunde miteinander üben, aufzuteilen in drei bis vier Kleingruppen. Werden diese passend zusammengestellt, so dass alle Mitglieder ähnliche Voraussetzungen mitbringen, können kurze Bewegungseinheiten von 15 Minuten je Kleingruppe mit genau abgestimmten Aktivitäten manchmal effektiver sein als eine Stunde nach althergebrachtem Muster. Der Personalaufwand bleibt bei guter Planung der gleiche.

Wichtig ist also die Angabe, ob es sich um heterogene – also unterschiedlich zusammengesetzte – oder um homogene – also Teilnehmende mit ähnlichen Voraussetzungen – handelt.

Geräte-/Materialeinsatz

Grundsätzlich ist es möglich, Bewegungsangebote ohne den Einsatz von Geräten oder Materialien zu gestalten. Doch oft bieten diese den Teilnehmenden zusätzliche Anreize und sie können – richtig eingesetzt – die Effektivität von Übungen steigern.

Möglich sind

- Einrichtungsgegenstände (Wand, Türrahmen, Handlauf, Treppe, Tisch, Stuhl …)
- Großgeräte (Kasten, Sprossenwand, Bodenmatte, Sitzball / Pezziball®, Fitness-Trampolin, Fahrradergometer, Rudergerät, Laufband, Vibrationsplatte, Schwungtuch, Kickertisch …)
- Kleingeräte (Seile, Hanteln, Ball[15], Balancekissen, Aerostep, Steppbrett, Ballkissen, Hanteln, Brasils®, Gewichtsmanschetten, Fitnessband, Stab, Tuch, Band, Handtrainer, Kirschsteinsäckchen, Tennisring, Reifen, Klanghölzer, Seil, Zauberschnur, Faszienrolle, Blackroll, Koordinationsleiter…)

15 Ballarten: siehe Auflistung von Beispielen S. 72

- Alltagsmaterialien (Schwämme, Bierdeckel, Luftballon, Handtuch, Halstuch, Serviette, Schnüre, Pappteller, Zeitung, Korken, Wasserflaschen, Becher, Wäscheklammern, Kissen, Papprollen, Naturhölzer, Schwamm, Gehstock, Schnüre, Wollknäuel, Löffel …)
- Selbst hergestellte Geräte (Strumpfexpander, Bola, Knetball, Jonglierball, Kleiderbügelschläger, Fächer, Schweifball, Indiaca, Stofffrisbee, Kippbrett, Strickleiter, Bommel, Fahnenbänder …)

Viele der aufgelisteten Geräte und Materialien gibt es in mehreren Variationen, teils mit unterschiedlichen Namen, die oft als geschützte Warenzeichen eingetragen sind, erkennbar am ®. In der Tabelle oben wurden nach Möglichkeit neutrale Bezeichnungen gewählt.

Besonders groß ist die Bandbreite bei Bällen, die in zahlreichen Arten, Größen, Materialien, Formen usw. erhältlich sind. Hier einige Beispiele:

- Redondo® Ball (verschiedene Größen, Farben, Oberflächen)
- Igelball
- Zeitlupenball
- Gymnastikball
- Weichschaumball
- Softball
- Wasserball
- Sitzball
- Luftmatz® (Stoffhülle, gefüllt mit Luftballon)
- Medizinball
- Jonglierball
- Tennisball
- Tischtennisball
- Katzenball
- Koosh Ball (Ball aus vielen Gummifäden)
- Loopie (knotenförmiges Wurfgerät)

- Catch Ball® (Wurfgerät mit farbigen Greiffingern)
- Motorikbälle mit außergewöhnlichen Formen, Greiflöchern usw.
- Knetball
- Scarfball (Wurfgerät mit Zeitlupeneffekt, gebundenes Chiffontuch mit leichter Füllung)
- Glockenball
- Schnurball
- ...

Musik

Nicht jede Bewegungsaktivität muss von Musik begleitet sein. Manchmal ist es gut, sich völlig auf den eigenen Körper zu konzentrieren ohne Ablenkung oder einfach mal nur Stille zu genießen.

Doch sehr oft ist Musik ein Motivationsfaktor, ein Bewegungsinitiator. Melodische Klänge bringen häufig Menschen ganz ohne Worte in Bewegung. Die eine trommelt mit den Fingern auf den Tisch, der andere wippt im Takt mit dem Fuß. Und manchmal muss es eine ganz bestimmte Art von Musik oder ein spezieller Titel bzw. Interpret sein, mit dem sich eine Bewohnerin (nicht nur) körperlich aktivieren lässt. Entsprechende, individuelle Vermerke sind sinnvoll in der Maßnahmenplanung oder auf den speziellen Bewegungskarten (siehe dazu Seite 82).

Interessant sind Informationen zur Musikrichtung, gegebenenfalls mit Angabe einer Zeitspanne (1950er-Jahre ...) z. B.

- Internationale Popmusik
- Oldies
- Deutsche Schlager
- Volkslieder
- Chansons
- Deutsche Volksmusik, vokal
- Deutsche Volksmusik, instrumental

- Internationale Volksmusik, instrumental
- Elektronische Popmusik
- Latino Musik
- Italo Disco Musik
- Marschmusik
- Rock
- Jazz
- Klassik
- ...

Die Technik erlaubt heute den Musikeinsatz quasi überall und ohne viel Aufwand. Tablets und Smartphones haben in der Altenpflege längst Einzug gehalten, so dass ohne Vorbereitungszeit und ortsunabhängig beinahe jede Musik, jeder Titel, eingespielt werden kann.

Sofern die Mitarbeiterinnen über einen WLAN-Zugang verfügen, können sie flexibel auf Vorschläge von Teilnehmenden reagieren und Gewünschtes direkt ertönen lassen. Alternativ lässt sich auf dem Handy oder Tablet Gespeichertes offline abrufen. Kleine, tragbare Lautsprecher ermöglichen solchen Einsatz auch in Gruppen – mit Kabel oder per Bluetooth-Verbindung.

Außerdem sind weiterhin die klassischen Geräte im Einsatz. Musik kann also eingespielt werden über

- Smartphone oder Tablet (Streaming, Download) + mobiler Lautsprecher
- Stick mit Notebook, auch mit mobilem Lautsprecher
- CD + CD-Player
- Musikkassette + Kassettendeck
- Schallplatte + Plattenspieler
- ...

Daneben ist es immer möglich, Musik oder Klänge selbst zu produzieren – mit einem Musikinstrument, z. B. Gitarre oder Akkordeon – oder mit körpereigenen Tönen. Zu den körpereigenen Geräuschen gehören

- Klatschen
- Trommeln
- Stampfen
- Reiben
- Kratzen
- Schnipsen
- Schnalzen
- ...

Weitere Klänge lassen sich erzeugen durch Singen.

Trainingsschwerpunkte

Je nach Ausgangssituation der Teilnehmenden können unterschiedliche Trainingsschwerpunkte gesetzt werden. Diese tatsächlich konkret festzulegen, ist wichtig, um später evaluieren zu können. Wurden die gesteckten Ziele erreicht? Müssen die Schwerpunkte verändert werden? usw.

Wie gezielt und individuell die Trainingsschwerpunkte gesetzt werden können, hängt davon ab, wie viele Teilnehmer gleichzeitig üben bzw. ob die Gruppe aus Menschen mit eher ähnlichen oder sehr unterschiedlichen Voraussetzungen zusammengesetzt ist.

Beim Erstellen von Trainingsschwerpunkten ist gute Zusammenarbeit von Pflege und Betreuung unerlässlich, wenn die Bewegungsaktivitäten zielführend sein sollen. Schon kleine Veränderungen in der Aufgabenstellung bzw. Nuancen in der Übungsausführung können zu völlig anderen Effekten führen. Sinnvoll ist, in die Abstimmung über Trainingsschwerpunkte auch externe Personen einzubeziehen, die mit den Bewohnern arbeiten, z. B. Physiotherapeutinnen oder Ergotherapeuten.

Je größer die Gruppe, desto allgemeiner die Schwerpunkte. So wird in einer wöchentlich stattfindenden, allgemeinen Gymnastikstunde in der Regel der gesamte Körper trainiert, auch wenn erkrankungsbedingt nicht alle Teilnehmenden jede Übung mitmachen können. Das bedeutet, dass jeweils mehrere, sich teils überschneidende, Schwerpunkte innerhalb einer Bewegungseinheit gesetzt werden.

Die Palette an Möglichkeiten umfasst u. a.

- Ausdauer (Herz-Kreislauf-System)
- Koordination allgemein
- Auge-Hand-Koordination
- Antizipation (Zielhandeln mit variierenden Ausgangssituationen, z. B. sich bewegenden Hindernissen ausweichen usw.)
- Gleichgewicht statisch
- Gleichgewicht dynamisch
- Anpassen an Geräte
- Anpassen an Rhythmus
- Feinmotorik
- Flexibilität, Gelenkigkeit, Dehnfähigkeit
- Kraft, Muskelaufbau
- Reaktionsschnelligkeit
- Bewegungsgrundschnelligkeit
- Umstellungsfähigkeit (sich neuen Gegebenheiten anpassen)
- Dual-Tasking-Fähigkeit (zwei Dinge gleichzeitig tun – bewegen & denken)
- Wahrnehmung allgemein
- Körperwahrnehmung
- Orientieren im Raum
- Anpassen an Partner und Gruppe
- Gemeinschaftsfähigkeit
- Ausdrucksfähigkeit, vor allem nonverbal

- Kognition (Denkaufgaben in Bewegung)
- …

Werden Trainingsschwerpunkte individuell formuliert, orientieren die sich in der Regel eng an konkreten Alltagstätigkeiten zum Erhalt von Selbstständigkeit und Selbstbestimmung. Geht es z. B. darum, das Gehen zu üben, können Schwerpunkte in der Ausdauer oder in der Koordination liegen. Entscheidend ist, ob es in erster Linie darum geht, die Strecke zu verlängern, länger durchzuhalten (Ausdauer) oder den Gang zu harmonisieren und Schonhaltungen abzubauen (Koordination).

Unterstützung und Hilfsmittel

Bei Bewegungsaktivitäten mit pflegebedürftigen alten Menschen kommen häufig Hilfsmittel zum Einsatz. Beinahe selbstverständlich und sehr verbreitet sind Gehhilfen wie Rollator und Rollstuhl. Doch es gibt eine Vielzahl weiterer Gerätschaften, die unterstützen können. Eine Übersicht darüber findet sich in der Tabelle auf Seite 39. Dort sind außerdem Formen der personellen Unterstützung aufgelistet.

Ergänzend ist es hilfreich, hinsichtlich der personalen Unterstützung genauere Angaben zu machen über Art und Umfang, genaue Griffe und Positionen, z. B.

- Gehen links neben der Bewohnerin, Unterarm unterfassen, Handgelenk fest umschließen.
- Vor der Bewohnerin rückwärts gehen, dabei beide Hände reichen.
- Stand gegenüber, der sitzenden Bewohnerin zum Aufstehen beide Hände reichen. Bewohnerin zieht sich selbstständig hoch.
- …

Wichtig ist, vorhandene Hilfsmittel bei Bedarf tatsächlich einzusetzen. So kann ein Mensch oft ein wichtiges Stück Selbstständigkeit wiedererlangen und damit eine deutliche Verbesserung seiner Lebensqualität. Wer z. B. im Bett liegt und sich mithilfe einer Bettleiter in eine aufrechte Position bringen kann, muss dazu nicht klingeln, keine Hilfe von außen in Anspruch nehmen. Das bedeutet viel für das Selbstwertgefühl. Gleichzeitig ist es ein Stück Training und trägt dazu bei, Muskulatur zu erhalten oder aufzubauen.

Ähnliches gilt etwa für einen Katapultsitz, der manchem pflegebedürftigen Menschen selbstständiges Aufstehen ermöglicht oder das Aufstehen mit einer unterstützenden Person deutlich erleichtert. So wird das Aufstehen geübt und die Beinkraft ein Stück weit erhalten. Steht solch ein Hilfsmittel nicht zur Verfügung, wird oft die alltägliche Bewegung auf ein Minimum reduziert und der jeweilige Bewohner entwickelt steigende Immobilität.

Geht es um das Training feinmotorischer Fähigkeiten, um Beweglichkeit der Finger, können z. B. Schreib- oder Knöpfhilfen Betroffene dazu motivieren, im Alltag zu üben und nicht nur während gezielter Bewegungssequenzen, bei denen vielleicht Handtrainer, Therapieknete oder Fingerexpander zum Einsatz kommen.

Für andere Hilfsmittel gilt dasselbe. Daher ist es wichtig, sich im interprofessionellen Team Gedanken über verfügbare und individuell sinnvoll einzusetzende Hilfsmittel im Hinblick auf Bewegungsförderung zu machen.

Vermittlung | Methodik

Das Wie ist oft entscheidender als das Was. Geht es darum, einen pflegebedürftigen alten Menschen in Bewegung zu bringen, kommt es besonders zu Beginn in erster Linie darauf an, Interesse zu wecken, Freude zu vermitteln und Lust auf mehr zu erzeugen. Dabei spielen die personalen Fähigkeiten der anleitenden Person eine wesentliche Rolle. Empathie ist gefragt. Wie gehe ich auf den Menschen zu? Welche Haltung strahle ich aus? Was traue ich meinem Gegenüber zu? usw.

Dazu gehört auch,

- das richtige Maß zu finden, also weder zu über- noch zu unterfordern.
- Kompetenzgefühl zu vermitteln.
- Mut machen.
- Sicherheit und Orientierung zu geben.
- von gegenseitigem Vertrauen geprägte Atmosphäre schaffen.

- miteinander lachen und Spaß haben.
- Erfolge wahrnehmen und sichtbar machen.
- …

Erst danach gewinnen spezielle Vermittlungsmethoden an Bedeutung. Dazu können die folgenden gehören:

Demonstration

Die anleitende Person zeigt – der Teilnehmer macht nach. Begünstigend ist dabei der Effekt, dass durch das Beobachten des Gegenübers beim Teilnehmer im Gehirn unterschwellig Bewegungsmuster aktiviert werden. So wird es oft leichter, die gewünschte Bewegung auszuführen. Dabei greift das Phänomen des Spiegelns. So kann es gelingen, ohne Worte Menschen aus der Passivität zu holen. Sie ahmen Gesehenes nach – Körperhaltung, Handbewegungen, Gesichtsausdruck usw.

Sprachanweisung

Die anleitende Person gibt verbale Handlungsanweisungen, beschreibt eine Bewegung, die die Teilnehmerin ausführen soll.

Konkrete Übungsansage

Die anleitende Person gibt eine konkrete Handlungsanweisung oder Übungsbeschreibung, z. B. „rechter Ellbogen berührt linkes Knie“ oder „Arme seitlich gestreckt auf Schulterhöhe bringen“ usw.

Offene Aufgabe

Besonders in heterogenen Gruppen sinnvoll oder in Startsituationen der Zusammenarbeit, wenn die Ausgangssituation des Bewohners noch nicht klar ist. Die anleitende Person formuliert eine Übung, deren konkrete Ausführung in ihrer Intensität dem Bewohner überlassen bleibt, z. B. „der rechte Ellbogen bewegt sich in Richtung zum linken Knie“ oder „Arme seitlich ausstrecken“.

Improvisation

Einzelnen Teilnehmern oder einer Gruppe ein Gerät zur Verfügung stellen und abwarten, was sie damit tun – das führt oft zu überraschenden Ergebnissen. Anleitende können so manchmal völlig neue Erkenntnisse über das Bewegungsspektrum eines Menschen gewinnen, wenn die z. B. im Spieleifer unbedingt einen Luftballon erreichen wollen.

Schriftliche Darstellung

Diese Form eignet sich z. B. für einen offenen Parcours im Garten der Einrichtung oder für Stationen auf dem Wohnbereichs-Flur. Dabei werden Übungen mit Worten, Bildern oder einer Kombination aus beiden gezeigt und ausgehängt. Außerdem eignet sich diese Art der Vermittlung für orientierte alte Menschen, denen Übungen vertraut sind und die zwischen angeleiteten Bewegungssequenzen regelmäßig bestimmte Abläufe trainieren sollen.

Ansage vom Band

Akustische Vermittlung von einem Speichermedium (CD o. Ä.) ist ebenso wie die schriftliche Darstellung nur für orientierte alte Menschen sinnvoll, die aus Eigeninitiative selbstständig üben wollen. Sprachansage lässt sich dabei bei Bedarf mit Musik kombinieren.

Bewegungsbegleitung

Bei Bewegungen, die über einen längeren Zeitraum oder mit mehreren Wiederholungen ausgeführt werden sollen, ist akustische Bewegungsbegleitung empfehlenswert, damit die Teilnehmenden nicht nach einmaliger Durchführung aufhören. Die Begleitung kann – außer durch eigenes Mitmachen – durch Sprache „und jetzt … und noch einmal … und weiter so …“, ein Rhythmusinstrument wie ein Tamburin oder Klatschen o. Ä. erfolgen.

Bewegungskarten

Eine gute Methode zum Sammeln von Tipps und Informationen zur individualisierten Pflege und Aktivierung sind Bewegungskarten. Solche Karteikarten anzulegen, ist zwar zunächst aufwändig, aber die Mühe lohnt sich. Einmal erstellt, erleichtern sie die tägliche, zielgerichtete und individuelle Arbeit enorm. Sie bieten Ansatzpunkte für Aktivierung und Pflege und weisen auf alles hin, was in Bewegungszusammenhängen im Umgang mit der betreffenden Person wichtig ist.

Was konkret darauf festgehalten wird, kann von Bewohnerin zu Bewohner wechseln. Neben dem Namen können z. B. folgende Information vermerkt sein:

- Ein (Bewegungs-)Ziel, das die Person gern erreichen möchte –selbstständig bis zur Toilette gehen; einen Stift zum Schreiben halten können usw.
- Ein Musiktitel, der Bewegungsreaktionen hervorruft – rhythmisch den Kopf bewegen, mit den Fingern trommeln, den Fuß wippen lassen usw.
- Ein Gerät, das unbedingt zum Einsatz kommen sollte – der von der Enkelin mitgebrachte Igelball usw.
- Ein Thema, das zur (pantomimischen) Bewegung hinführen kann, oft verknüpft mit früheren Hobbys oder beruflichen Tätigkeiten – von Holz hacken bis Garten umgraben oder Socken stricken.
- Eine Vorliebe für ein bestimmtes Material – mag gern mit Tüchern umgehen, bevorzugt Geräte aus Holz usw.
- Ein Hinweis, der Kleidung oder Hilfsmittel betrifft – auf geschlossene Schuhe achten; den Rollstuhl selbst fortbewegen lassen usw.
- Eine Information zur Hilfestellung oder Anleitung – bei der Demonstration neben Frau X. sitzen; bei der Übung Y rhythmisch mitsprechen; Armbewegungen als Partnerübung durchführen usw.
- Ein Problem, das betreuende Personen im Auge haben sollten – vermeidet das Benutzen der linken Hand; überanstrengt sich leicht, wenn sie nicht gebremst wird; lässt sich gern im Rollstuhl fahren, kann diesen aber selbst bewegen usw.
- Ein Schwerpunkt, der das Bewegungstraining betrifft – an der linken Hand immer alle Fingergelenke durchbewegen; Handkraft mit unterschiedlichen Materialien üben; stabiles Sitzen ohne Halt an einer Rückenlehne trainieren, bei 1 Min. beginnen und Zeitraum verlängern.

- Eine als erfolgreich erfahrene Methode – zum Start jeder Bewegungssequenz kurzes Luftballonspiel mit Therapiepuppe; immer mit dem Lied „…" anfangen usw.
- Ein Motivationstipp – Bewohnerin in jeder Einheit Erfolge verdeutlichen; bei jeder Übung genau erklären, wofür sie gut ist; immer an das selbst gesteckte (Fern-)Ziel erinnern usw.
- Eine weitere Person einbeziehen – die Urenkelin, wenn diese zu Besuch kommt; die Physiotherapeutin von Zeit zu Zeit begleiten und Übungen mit ihr abstimmen; einmal wöchentlich gemeinsam mit der Zimmernachbarin üben usw.

Zur besseren und schnelleren Lesbarkeit ist es hilfreich, die Karten zusätzlich mit Symbolen und Bildern zu versehen – Klaviertasten für die Bewohnerin, die früher gespielt hat und jetzt ihre Finger trainiert; ein Baum für den Herrn, der in einer Baumschule gearbeitet hat und sich nun am ehesten mit Holzstäben zur Bewegung motivieren lässt; ein paar Schuhe für die sturzgefährdete Dame, die ohne entsprechenden Hinweis in ihren geliebten Schlappen losgeht.

Selbstverständlich müssen solche Karten in regelmäßigen Abständen aktualisiert werden. Ist ein Ziel erreicht, gilt es ein neues zu formulieren. Hat sich der Allgemeinzustand verändert? Sind neue Ressourcen oder Probleme aufgefallen? Hat sich etwas als idealer Zugangsweg erwiesen? usw.

Ziele von Bewegungs-Aktivitäten und Alltagsrelevanz

Bewegung ist eine „Allzweckmaßnahme". Es gibt kaum einen Bereich, in dem sie nicht nützlich ist. Sie

- wirkt vorbeugend beim Erhalt vorhandener (Rest-)Fähigkeiten – körperlich wie geistig.
- schützt vor Erkrankungen.
- hilft nach einer Erkrankung bei der Rehabilitation.
- verhilft zur Selbstständigkeit und Unabhängigkeit.

- verbessert Stimmung und Zufriedenheit.
- ...

Doch diese Ziele sind oft die der pflegenden und betreuenden Personen, nicht zwingend die der alten Menschen selbst. Um die überhaupt erst in Bewegung zu bringen, ist es oft erforderlich, andere und konkret greifbare Ziele zu finden oder sie auf Umwegen an körperliche Aktivität heranzuführen.

Aus pflegetherapeutischer Sicht geht es bei Bewegungsangeboten immer darum, Ressourcen zu erhalten, Fähigkeiten zu verbessern oder einen Zustand zu verarbeiten, mit einer Veränderung umgehen zu lernen (Coping). Die Ziele können dabei im physischen, im psychisch-mentalen oder im sozialen Bereich liegen. Insgesamt ist das große Ziel eine Verbesserung des Lebensalltags und der Zufriedenheit.

Die Tabelle auf Seite 85/86 – beispielhaft – gibt eine Übersicht über mögliche Ziele, die sich individuell ergänzen und unendlich weiter differenzieren lassen.

Ziel
Erreichen eines bestimmten Zustands oder Ergebnisses in einem festgelegten Zeitraum.

Wirkung
Erzieltes Ergebnis einer Maßnahme.

Irma Haan

- I. H. sieht für sich keinen Sinn in Bewegungsübungen. „... habe genug gearbeitet. Und jetzt bin ich alt.“
- Hat ausgeprägtes Schamgefühl. Will unbedingt ihre Toilettengänge ohne Hilfe erledigen.
  ➡ Zur Motivation einsetzen!
- Aufstehen vom Stuhl, Beinkraft üben. Dazu Stuhl vor Handlauf im Flur stellen.
- Mitzählen. Anzahl Übungen nennen, Steigerung erwähnen.
- Hat früher in Gaststätte bedient. Bierdeckel zum Training benutzen, mit den Füßen antippen ...

Walter Schelle

- Bleibt im Bett, kann nicht aufstehen, will auch nicht.
- Zeigt keine Initiative, bei Körperpflege aktiv mitzuwirken. Mag Nassrasur, kann jedoch Rasierer nicht halten. „Das können die jungen Mädels nicht.“
  ➡ Fingerfertigkeit, Greiftechniken üben mit Ziel Rasur!
- Gegenstände im Wasserbad greifen, u. a. Kieselsteine.
- W. S. war Fliesenleger und hat viel in seinem Steingarten gearbeitet.
- Am Ende der Einheit mit aufräumen lassen.

Aktivität	Trainingsziel (Beispiele)	Alltagsrelevanz
Gehen	• Anzahl Schritte erhöhen • Gehstrecke verlängern • Schrittlänge vergrößern • Tempo erhöhen • Trittsicherheit verbessern • Beweglichkeit im Fußgelenk erhöhen • Sicherheit auf wechselndem Untergrund gewinnen • …	• Ortswechsel vornehmen • An Aktivitäten teilnehmen • Zur Toilette gehen • Schmerzen verringern • Informationen schneller verarbeiten • …
Radfahren (inkl. Fahrradergometer, Pedaltrainer)	• Regelmäßig bewegen (täglich) • Trainingseinheit verlängern (in Minuten) • Üben ohne Anleitung • …	• Körperliche Belastbarkeit erhöhen • Kreislauf in Schwung bringen • Gelenkbeweglichkeit erhalten • Schmerzen verringern • …
Tanzen (inkl. Rollatortanz, Sitztanz)	• An Musik anpassen • Vorgegebenes Tempo einhalten • Mehrteilige Schritt-/Bewegungsfolge (Anzahl Elemente) merken • Richtungswechsel und Drehungen sicher vollziehen • Raumwege abgehen • Bewegungsabläufe harmonisieren • Bewegungsfreude erleben • …	• Im Raum orientieren • Anziehen • Aufmerksamkeit steuern • Details wahrnehmen • Gemeinschaft erleben • …
Ballspiele	• Auge-Hand-Koordination erhalten/verbessern • Reaktionsschnelligkeit erhöhen • Anpassung an unterschiedliche Ballgrößen/Oberflächen/Gewichte … erhalten/verbessern • Antizipation (mentale Vorwegnahme von Bewegungsabläufen) erhalten/verbessern • Informationsverarbeitung beschleunigen • …	• Schnell reagieren auf sich bewegende Objekte oder Personen (ausweichen …) • Gezielt Gegenstände ergreifen (Trinkgefäß …) • Handlungsanweisungen und Informationen verstehen und umsetzen • …

Aktivität	Trainingsziel (Beispiele)	Alltagsrelevanz
Gleichgewichtstraining	• Stabil sitzen mit Rumpfkontrolle • Stabil stehen auf festem Untergrund • Stabil stehen auf sich bewegendem Untergrund (Balancekissen …) • Körperbeherrschung behalten bei Richtungswechseln in der Fortbewegung • Körperbeherrschung behalten, auch bei Oberkörperaktivität • …	• Anziehen (Einbeinstand …) • Treppensteigen • Gehen über wechselnden Untergrund, besonders im Freien • …
Krafttraining	• Kräftigung der Oberschenkelmuskulatur • Kräftigung der Bauch- und Rückenmuskulatur • Kräftigung der Oberarmmuskulatur • …	• Aufstehen vom Stuhl, von der Toilette … • Über ein Hindernis steigen • In einen (Klein-)Bus steigen • Sich wieder fangen beim Stolpern • Treppensteigen • Aufrecht sitzen • Sich mit den Armen hochdrücken aus einer niedrigen Sitzposition • Sich abfangen bei einem Sturz • …
Gymnastik allgemein	• Beweglichkeit des Arm-Schulter-Gürtels • Beweglichkeit des Rumpfes • Beweglichkeit der Beine • …	• Positionswechsel vornehmen, sich umdrehen usw. • Sich waschen • Haare kämmen • Anziehen • Etwas aus einem Schrank holen • Schmerzen verringern • …
Finger-/ Handgymnastik	• Handgelenke stabilisieren • Handkraft erhöhen • Geschicklichkeit verbessern • Finger beugen • Finger strecken • Finger spreizen • Faust ballen • Hand öffnen • Spezielle Griffe (wieder) erlernen – Präzisionsgriffe, Kraftgriffe • …	• Knöpfe schließen • Einen Stift halten • Tabletten aus der Blisterpackung drücken • Einen Flaschen-Drehverschluss öffnen • Besteck halten • Eine Tasse halten • …

Aktivität	Trainingsziel (Beispiele)	Alltagsrelevanz
Doppel-aufgaben (Dual Tasking)	• Kognition verbessern • Motorik verbessern • Sturzgefahr mindern • …	• Bewegungssicherheit gewinnen • Geschehen in der Umgebung schnell verarbeiten • Auf Unvorhergesehenes reagieren • …

Reaktionen auf Bewegungs-Aktivitäten darstellen

Wie bereits eingangs auf Seite 17 dargestellt, geht es künftig nur noch darum, Besonderheiten zu dokumentieren, nicht mehr nach jeder Aktivierungseinheit einen Eintrag vorzunehmen. In diesem Sinn sind die nachfolgenden Beispiele zu verstehen.

Reaktionen auf Bewegungs-Aktivitäten sind also nur noch dann darzustellen, wenn sie anders als gewöhnlich einzustufen sind. Außerdem ist eine schriftliche Beschreibung nötig bei der Evaluation mit eventuell erforderlichen Veränderungen der Maßnahmenplanung. Darüber hinaus kann eine Eintragung an hausintern verabredeter Stelle sinnvoll sein als Information für Kollegen anderer Professionen (siehe dazu auch Seite 25).

Gruppen-Aktivitäten

Im Folgenden werden beispielhaft einige mögliche Reaktionen von Teilnehmenden an speziellen Bewegungsaktivitäten in einer Gruppe dargestellt. Viele weitere Reaktionen sind möglich und müssen dann jeweils individuell formuliert werden.

Frau X | Herr Y …

… wurde heute erstmals im Rollstuhl zur Gymnastikstunde gebracht. Sie sprach nicht, sah die ersten 15 Minuten nur zu, machte danach mehrmals rhythmische Bewegungen mit den Füßen, lächelte am Ende.

… hatte keine Lust zum Ballspielen. „Das ist läppisch", empörte er sich mehrmals und warf den Ball heftig unkontrolliert in Richtung anderer Teilnehmer.

… freute sich, dass es ihr gelang, selbstständig vom Stuhl aufzustehen, nachdem sie zum Start die Beine dabei in leichte Schrittstellung brachte. Sie wechselte mehrfach die Plätze mit anderen, wollte gar nicht wieder aufhören. „Das konnte ich schon so lange nicht mehr …"

… weigerte sich, eine Partnerübung mit Frau X. zu machen. „Mit der nicht", erklärte sie und bewegte drohend ihren Gehstock in der Luft. Kurz darauf übte sie friedlich mit Herrn Y und hatte den Vorfall offensichtlich vergessen.

… konnte sich beim Sitztanz Bewegungsfolgen mit vier Elementen merken und fehlerfrei umsetzen.

… griff beim Weitergeben von Geräten im Kreis auffallend oft daneben, erklärte „ich sehe das nicht richtig". Beobachten, eventuell Überprüfung beim Augenarzt.

… konnte mehrfach Übungen nicht umsetzen, obwohl er sie akustisch verstanden hatte. Beobachten! Vielleicht in kleinere Gruppe wechseln oder Einzelaktivierung?

… hatte viel Spaß an Gruppenspielen mit dem Schwungtuch, benutzte dabei durchgängig ohne Aufforderung auch die linke Hand.

… wollte ständig bestimmen, redete dazwischen, beschimpfte andere Teilnehmende, korrigierte andere. Saß die letzte Viertelstunde nur unbeteiligt dabei, nachdem andere Teilnehmer ihn zurechtgewiesen hatten.

… engagierte sich sehr bei einem Mannschaftsspiel, war auffallend reaktionsschnell.

Einzel-Angebote

Im Folgenden werden beispielhaft einige mögliche Reaktionen von Teilnehmenden an speziellen Bewegungssequenzen als Einzelaktivierung dargestellt. Viele weitere Reaktionen sind möglich und müssen dann jeweils individuell formuliert werden.

Frau X | Herr Y …

… wollte heute zunächst den Bewegungstermin nicht wahrnehmen, äußerte Schmerzen in der Schulter. Ließ sich schließlich doch darauf ein. Nach zehn Minuten Gymnastik mit Musik, vor allem im Arm-Schulter-Gürtel (offene Aufgabenstellung): „Jetzt spüre ich den Schmerz gar nicht mehr."

… machte abweisende Handbewegungen und schüttelte heftig den Kopf, als ich mit dem Pedaltrainer ins Zimmer kam. War nicht zum Trainieren zu bewegen.

… ließ sich erstmals auf passive Bewegungsübungen im Bett ein. Fuß-, Knie- und Hüftgelenke beidseitig durchbewegt.

… Partnerübungen mit den Armen durchgeführt. Beweglichkeit im Ellbogengelenk rechts deutlich verbessert. Ließ sich mit Marschmusik motivieren. Konnte am Ende die rechte Hand bis zum Mund führen.

… wiederholt die gemeinsam erarbeiteten Greifübungen mehrfach täglich selbstständig. Konnte heute erstmals wieder eine gefüllte Tasse sicher anheben und trinken.

… schaffte heute mit unterschiedlichen Materialien den Pinzettengriff (Daumen + Zeigefinger) mit rechter und linker Hand. Weiter trainieren! Greift noch sehr unsicher.

… einen Handtrainer leihweise im Zimmer gelassen. Frau X. möchte damit selbstständig üben, „damit ich bald wieder eine Tasse halten kann". Bei der Pflege regelmäßig erinnern!

… bewegte sich rhythmisch und sehr harmonisch mit dem gesamten Oberkörper zur Musik, setzte auch die Arme ein.

… war erfolgreich beim Dual Tasking – Ball werfen und gleichzeitig rückwärts buchstabieren – Wörter mit bis zu zehn Buchstaben fehlerfrei.

… ermüdet sehr schnell beim Radfahren mit dem Pedaltrainer, schaffte heute zum dritten Mal nur zwei Minuten am Stück. Beobachten!

… heute erstmals den Rollstuhl selbstständig mit Händen und Armen über eine Strecke von … Metern vorwärts bewegt. Bewegungsablauf weiter üben!

… knickt beim Gehtraining mit einer Hand am Handlauf auffallend ein im linken Knie. Äußerte dabei einen „leicht stechenden Schmerz".

… macht beim Gehen am Rollator sehr kleine Schritte. Mit Klebeband am Boden markierte Felder zum Training genutzt, Schritte inzwischen auf … Zentimeter verlängert.

… Aufstehen vom Stuhl am Handlauf trainiert. Bewegungsablauf klappt inzwischen gut, muss aber jeden Tag trainiert werden, vergisst die kleine Schrittstellung, sobald ein Tag Pause ist. Will unbedingt weiter üben. „Ich will wieder ohne Hilfe von der Toilette aufstehen."

Anhang

Literaturverzeichnis

ABT-ZEGELIN, Dr. Angelika | REUTHER, Sven: Mobil im Pflegeheim. In: Die Schwester Der Pfleger, Nr. 4/2011, S. 322ff.

BUNDESMINISTERIUM FÜR GESUNDHEIT, Abt. 4 Pflegesicherung, Prävention: Praxisseiten Pflege. Wir stärken die Pflege. Gemeinsam. Hachenburg, 3. Aufl., Stand Dezember 2015.

DEUTSCHES NETZWERK FÜR QUALITÄTSENTWICKLUNG IN DER PFLEGE (DNQP): Expertenstandard nach § 113a SGB XI Erhaltung und Förderung der Mobilität in der Pflege. Abschlussbericht (Entwurf). Osnabrück 2014.

FRANKE, Nicole: NBA und Pflegegrade. Praxishandbuch für die erfolgreiche Umsetzung im Pflege- und Betreuungsprozess. Vincentz Network, Hannover 2016.

FRIESE, Andrea: Formulierungshilfen. Aktivitäten der sozialen Betreuung dokumentieren. Vincentz Network, Hannover 2008.

GKV-SPITZENVERBAND: Das neue Begutachtungsinstrument zur Feststellung von Pflegebedürftigkeit. Schriftenreihe Modellprogramm zur Weiterentwicklung der Pflegeversicherung. Band 2. Berlin 2011.

JASPER, Bettina M. | WILLIG, Simone: Musik bewegt. Mit Evergreens Herz und Hirn aktivieren. Vincentz Network, Hannover 2016.

JASPER, Bettina M.: Das Bewegungsbuch. Mit Alltagsmaterial trainieren und Spaß haben. Vincentz Network, Hannover 2014.

JASPER, Bettina M.: Bewegen, Trainieren, Denken. So fördern Sie Heimbewohner optimal. Vincentz Network, Hannover 2012.

JASPER, Bettina M.: Brainfitness. Meyer & Meyer Verlag, Aachen, 3. überarbeitete und ergänzte Auflage 2012.

JASPER, Bettina M. | REGELIN, Petra: Menschen mit Demenz bewegen. 196 Aktivierungsübungen für Kopf und Körper. Vincentz Network, Hannover 2011.

JASPER, Bettina M.: Brainwalking. Mental fit beim Gehen! Meyer & Meyer Verlag, Aachen 2010.

JASPER, Bettina M. | REGELIN, Petra: Geistig fit & mobil bis ins hohe Alter. Eine Anleitung für Angehörige und Ehrenamtliche. Trias Verlag, Stuttgart 2009.

JASPER, Bettina M.: Farbenfroh aktivieren. Mit Rot, Gelb, Blau das Gedächtnis trainieren, die Bewegung fördern; Vincentz Network, Hannover 2007.

JASPER, Bettina M.: Koordination & Gehirnjogging, Meyer & Meyer Verlag, Aachen 2002.

MDS (Medizinischer Dienst des Spitzenverbandes Bund der Krankenkassen e.V.): Richtlinien zum Verfahren der Feststellung von Pflegebedürftigkeit sowie zur pflegefachlichen Konkretisierung der Inhalte des Begutachtungsinstruments nach dem Elften Buch des Sozialgesetzbuches (Begutachtungs-Richtlinien – BRi) vom 15.04.2016. Berlin 2016.

REGELIN, Petra | JASPER, Bettina M. | HAMMES, Antje: Aktiv bis 100. Hochaltrige Menschen in Bewegung bringen. Meyer & Meyer Verlag, Aachen 2013.

STULIER, N.: Ausgewählte Qualitätskriterien des Erfassungsbogens Mobilität (EBoMo). Eine empirische Untersuchung in der stationären Altenpflege. Qualifikationsarbeit zur Erlangung des akademischen Grades des Master of Science. Universität Witten/Herdecke, Fakultät für Gesundheit, Department für Pflegewissenschaften 2012.

SWOBODA, Beate | LAUTERBACH, Christoph: Dokumentieren und Planen lernen. Ein Lern- und Arbeitsbuch. Vincentz Network, Hannover 2009.

SWOBODA, Beate: Formulieren wie ein Profi. Pflegeplanung mit dem Planquadrat. Vincentz Network, Hannover 2005.

VINCENTZ NETWORK (Hrsg.): Altenpflege Dossier Dokumentation. Das neue Strukturmodell. Vincentz Network, Hannover 2015.

VINCENTZ NETWORK (Hrsg.): Altenpflege Dossier Mobilität. Ressourcen erkennen, Bewegung fördern. Vincentz Network, Hannover 2015.

VOELCKER-REHAGE, Claudia | TITTLBACH, Susanne | JASPER, Bettina M. | REGELIN, Petra: Gehirntraining durch Bewegung. Meyer & Meyer Verlag, Aachen 2013.

Dank

Zum Schluss möchte ich all denen danken, die auf jede(r) auf ihre bzw. seine Weise und in unterschiedlicher Intensität am Entstehungsprozess dieses Buches beteiligt waren:

- **Bettina Schäfer** für die wie immer sehr persönliche Begleitung im Entstehungsprozess. Was täte ich bloß ohne die telefonischen „Motivationsschübe" von Ihrer Seite??? In unseren Gesprächen entstehen immer wieder neue Gedanken und Ideen … auch für nächste Projekte.
- **Klaus Mencke** für ausdauerndes Nachfragen und immer wieder Erinnern an dieses so lange geplante Buchprojekt. Ohne Ihre Beharrlichkeit wäre diese Publikation sicher nie entstanden.
- **Rita Zottl** für die tolle Idee und Umsetzung mit den Figuren. Die lockern das gestalterisch herausfordernde Thema optisch ungemein auf und erleichtern das Lesen – wie das von ihr entworfene Layout insgesamt.
- Meiner Kollegin **Alice Exeler**, die an der Fachschule für Altenpflege „Sancta Maria" in Bühl Pflege unterrichtet. Danke, „Schwester Alice", für deine kritische Durchsicht des Manuskripts. Du hast mit deiner „Pflegebrille" meinen Blick noch mal intensiv auf die weniger Bewegungsbegeisterten gelenkt.
- **Karin Hertwig**, Pflegedienstleiterin der Sozialstation St. Elisabeth in Oberkirch, die mir ermöglichte, Einblick in den hausinternen Umstellungsprozess auf das neue Strukturmodell zu nehmen und bei Schulungsmaßnahmen dabei zu sein.
- **Josepha Waidele-Huber**, Fachkraft in der Tagespflege der Sozialstation St. Elisabeth in Oberkirch, für informative Gespräche, insbesondere über die individuellen Aktivierungskarten für Tagesgäste.
- **Schülerinnen und Schülern** der Fachschule für Altenpflege „Sancta Maria" in Bühl. Besonders der derzeitige Oberkurs, Kurs 31, leistete immer wieder mit Beobachtungen und Beispielen aus der Praxis – natür-

lich anonymisiert – in- und außerhalb des Unterrichts wertvolle Beispiele. Obwohl diese Beiträge überhaupt nicht speziell auf das Buch ausgerichtet waren, halfen sie sehr bei der Zusammenstellung im Sinn von Praxisnähe.

Autorin

Bettina M. Jasper, Dipl. Sozialpädagogin. Als lizenzierte Gehirntrainerin leitet sie in ihrer **Denk-Werkstatt®** Kurse, Seminare, Workshops und Therapieeinheiten. Sie ist vielfache Buch- und Spieleautorin, freiberuflich tätig als Dozentin für verschiedene Träger in Altenpflege und Sport.

Seit 25 Jahren unterrichtet sie an der staatlich anerkannten Fachschule für Altenpflege Sancta Maria in Bühl in den Schwerpunkten Gerontologie, Aktivierung und Rehabilitation sowie Psychiatrie und im Fach Deutsch.